忘れられた日本の村

〈増補版〉

筒井 功

河出書房新社

はじめに

日本の町にも村にも特徴と個性がなくなったという感想は、折りおり耳にする。たしかに、どの町も年々、造りも家屋の外観も相互に区別がつきにくくなっているような気がする。そうして農村も漁村も山村も、どんどん町に似たたたずまいへ変わりつつあるように思われる。三〇年ほど前までは、どちらを向いても茅葺《かやぶ》きの曲がり家ばかりが並んでいたのに、いつの間にか新建材の二階建てが目立つようになった土地も珍しくない。

それらは見かけ上の変化であり、やや古い時代を知っている人間にはすぐ気がつくことである。その見かけも含めて、地域の特徴と個性は、そこがたどってきた歴史の反映であった。日本の町や村が形成された事情は実にさまざまであったから、個性に富んだ町村はそこら中に存在していた。

その中には、例えば全戸が狩猟を生業にしていた、芸能を演ずることで生活を支えていた、天皇の即位ごとに進んで礼服を貢献していた、古代から大神社の祭礼に神輿《みこし》をかつぐ役目をになっていた――などの村があり、それらについては本書でも取上げている。もちろん、それは個性のほんの一例にすぎない。

住民の大半が掏《す》り・万引きをひそかな職業にしていた、山中に孤立していたため一部が穴あき銭を偽造していた、無籍の漂泊民が集住して一村をなした——といったところもある。被差別部落の住民が移住して、いっとき小さな集落になっていながら、わずか半世紀ほどで消えてしまった場所もある。

わたしの母親の生家近くには「乞食田」なる小地名が残っているが、いつごろ、どんないきさつで生まれたのか、だれにもわからない。そのようにして忘れられた個性は、少なくなかったろう。本書は東北から九州まで七つの地方から一つずつ、「記憶され、記録を残すに値するのではないか」とわたしが考えた村をえらんで、その一端を紹介することを目的に取材・執筆した。それらは一部を除いて千年を超す歴史をもっている。

＊

本書は二〇一六年五月に初版が出された。このたび増補版の刊行に当たり、第八章、第九章を追加している。また、一七九頁のキャプションを修正した。

（二〇二一年四月）

忘れられた日本の村〈増補版〉◉目次

カバー写真——男神岩と石切所方面
（二戸市観光協会提供）
装幀——山元伸子

忘れられた日本の村

〈増補版〉

第一章　出雲国《いずものくに》の水晶山と「たたら村」

1　長江山「水精あり」

「どじょうすくい」の踊りで知られる民謡、安来《やすぎ》節のふるさと安来《やすぎ》市は島根県の東端に位置している。平成十六年までは、中海《なかのうみ》に面する安来港を中心に開けた、さして広くない範囲を市域としていたが、いわゆる平成の大合併によって能義郡伯太《はくた》町および広瀬町と合併後、その南部も鳥取県と境を接することになった。

市街からほぼ真南に向かって、伯太川沿いの県道が通じている。それは同川を遡るように少しずつ高度を上げていき、河口から一六キロほどの伯太町赤屋で二つに分かれる。西側の道は寺谷坂を、東側は永江《ながえ》峠《だわ》を経て、いずれも鳥取県日野郡日南町に至る。現在では寺谷越えの方が整備されていて、こちらが交通量は多い。

一方の永江越えは今日でも、とくに峠近くでは幅の狭い屈曲つづきの山道だが、古代にあっては出雲（島根県）と伯耆《ほうき》（鳥取県）を結ぶ道の一つが、このルートに沿って通っていたようである。天平五年（七三三）成立の『出雲国風土記』意宇《おう》郡母理《もり》郷の条によると、出雲国の祖神とされる大穴持命《おおあなもちのみこと》（大国主命の別名）が越《こし》（北陸地方）の「八口《やくち》」を平定して帰ってくる途中、「長江山」まで来たとき出雲以外の領有地を大和朝廷の主権者に移譲する宣言をしたとされているからである。これはもちろん神話であるが、長江山が八世紀にはすでに出雲と外部をつなぐ通路になっていたから、大穴持命がそこを経由して帰国したという話が作られたと思われる。

『風土記』には、「長江山」の名がもう一ヵ所出てくる。意宇郡の山名を列記したくだりで、そこには、

「長江山　郡家《こほりのみやけ》の東南《ひつじさる》のかた五十里《さと》なり。水精《みづとるたま》あり（原漢文、読み下しと振り仮名は秋本吉郎校注、岩波書店版『風土記』による）」

とある。水精《みずとるたま》とは水晶のことである。

意宇の郡家《ぐうけ》（郡庁）は、国庁に隣接していたことが『風土記』に見えている。その正確な場所は長いこと不明であったが、昭和四十三年（一九六八）からの発掘調査で現松江市大草町の六所神社周辺に所在したことが判明した。ここが発掘地にえらばれたのは、江戸時代の大草村検地帳に「こくてう」の字名が発見されたことが大きな理由であった。歴史の解明に地名が生かされた好例である。

『出雲国風土記』では、記載場所の位置は原則として郡家からの方角と距離で表現されており、右の発掘で意宇郡の場合、座標軸の原点が明確に定まったことになる。岩波版の注釈に

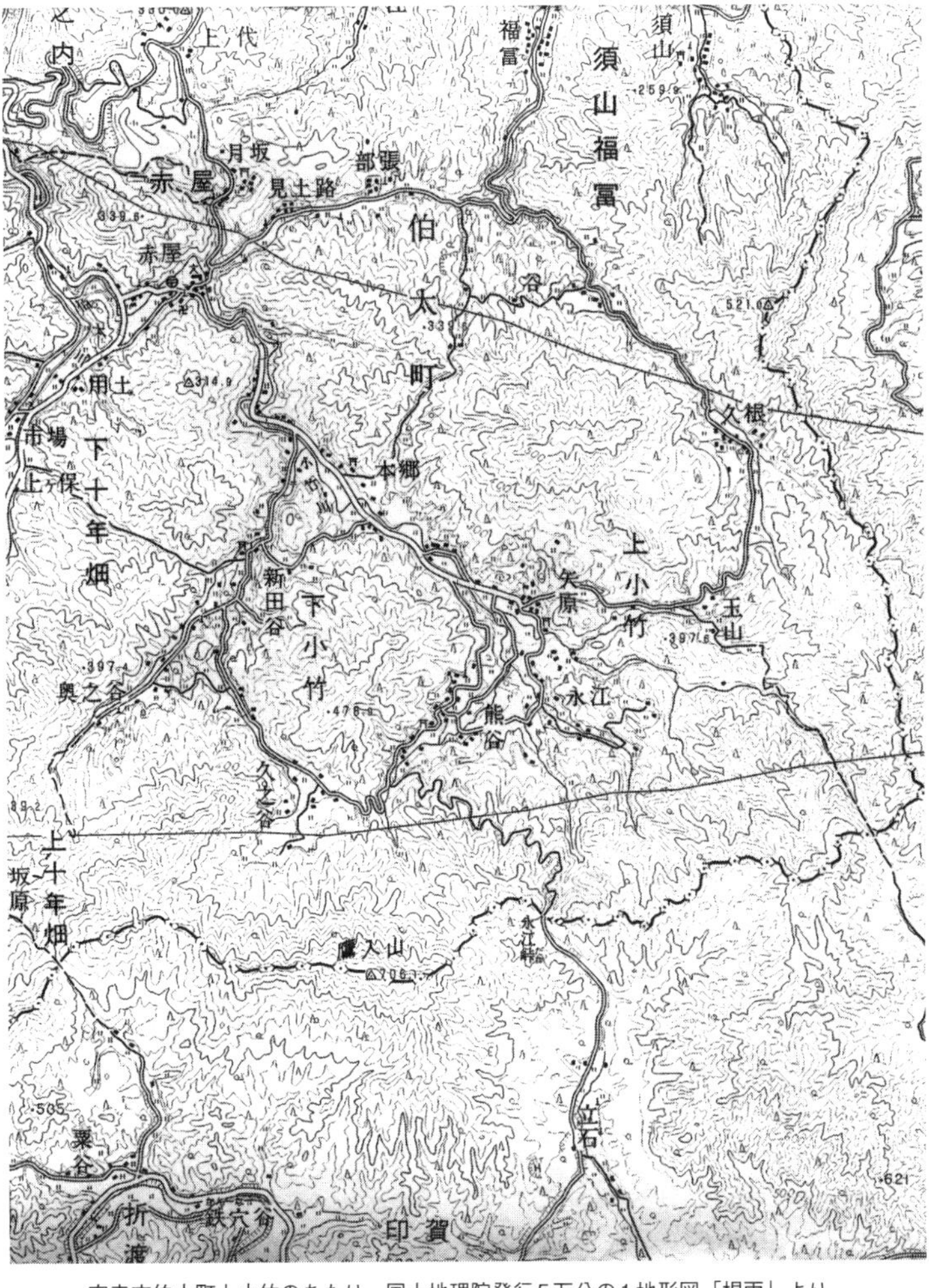

安来市伯太町上小竹のあたり。国土地理院発行５万分の１地形図「根雨」より。

よると、当時の一里は約五三五メートルだったというから、長江山は六所神社の南東二七キロ弱にあったはずである。

そこを地図上に求めると、まさしく永江峠のあたりになる。北麓の島根県側は現在の行政上では、安来市伯太町上小竹《かみおだけ》と呼び、そこには永江の地名も存在する。地名に宛てる漢字が時代によって変わることは、ざらにある。記録に現れる文字が一貫して同じ例は、むしろ珍しいくらいである。『風土記』に出てくる「長江山」は、いまの永江の周辺にあったことは、まず疑いない。

しかし、この一帯で「ながえ」の名をもつ山は知られていない。永江峠の近辺で水晶が採れる場所もないようである。これは『風土記』の記載が誤っているからであろうか。それとも、国庁・郡庁の所在地がいつのころかに不明となっていたように、水晶山の位置も忘却されてしまったのだろうか。

この疑問に答える地名が上小竹の地内にある。すなわち、同所の字玉山である。玉山は旧上小竹村に所在する矢原《やばら》、永江、熊谷《くまたに》、久根《くね》、玉山の五つの集落の一つで、永江峠の北北東二キロほどになる。

わたしが玉山という集落の存在に気づいたのは、いま(平成二十七年夏)から五、六年前のことだったと思う。『風土記』をひろい読みしているうちに、「長江山」の場所がどこか確かめようと国土地理院発行の五万分の一地形図を開いたところ、永江とか玉山の地名が目にはいったのである。

永江と「長江山」が無関係であるはずはないから、この山中の平凡な小集落名は一三〇〇年前には、すでに存在していたことになる。わたしは、その事実にまず興味を覚えた。玉山の名は『風土記』には現れないが、「水精あり」と記された「長江山」が具体的にはここのことだとすれば、その名も八世紀以前にできていた可能性が高い。中国山地の脊梁に近い、ひなびた山村に残る地名が一三〇〇年を超す歳月を生きつづけてきたとなると、地名の寿命ということを考えるうえでも注目される。わたしは折りをみて、ぜひとも上小竹のあたりを歩いてみたいと思うようになった。

2　「水晶を掘って家を建てた」

平成二十六年六月、わたしは全く別の取材で三日ばかり山陰地方をまわった。いつでもそうだが、軽自動車の中に寝泊まりしながら予定していた土地を訪ねていくのである。そうやってひと通りの調査が終わったあと、上小竹へ向かった。

とりあえずの目的地は玉山であった。わたしは、その地名からここに何らかの玉の産出地があったはずだと考えていた。しかし、いま住んでいる千葉県の図書館で手にできる文献類には、その辺に触れたものが見つからなかった。そもそも玉山が何戸くらいの集落かもわからない。そんな具合だったから、とにかく行ってみるしかない、行った方が手っ取りばやいと思っていたのである。

玉山はほんとうに小さな集落であった。見たところ、ほんの数戸しかない。あとで住民の話を聞いて知ったことだが、もとは六戸の家が、このときには三戸になっていたのである。ただし、ここの生まれで現在は冬のあいだを安来市街で、夏には玉山で暮らす一世帯があるので、正確には三・五戸というべきかもしれない。近年、町場と生まれ故郷の過疎地を交互に行き来する、いわば二重生活者が各地に目立って増加している。

玉山は中国山地の脊梁直下に位置し、標高は三〇〇メートルに近い。冬は積雪が、しばしば一メートルを超す。そんなところに、わずか三戸が点在するだけである。住民はみな高齢である。廃村も、そう遠い先のことではないかもしれない。しかし、こちらがただの旅行者のせいか、せっぱ詰まった様子がとぼしい印象を受けた。

理由の一つは、田畑の手入れが行き届いていることにある。田んぼには青々とした苗が整然と並び、畑のまわりの草はきちんと刈られていた。村本来の暮らしが、まだ滞りなくつづいているのである。

もう一つは、この村の空の広さによっていそうである。どちらを向いても山また山ではあるが、それらはみな穏やかな山容で村よりわずかに高いだけである。この点では、のちに取り上げる、例えば四国あたりの限界集落とは著しく違っている。

村の入り口に農家風の平屋が見える。もとは茅葺《かやぶ》き屋根であったが、その茅をすっぽりとトタンで覆っている。だから屋根の形は茅葺きのころのままである。このような家は、近年の農山村にはきわめて多い。茅原や茅山がどんどん消え、茅葺き職人が減って葺き替えが難しくなり、また費用がかかるようになったためである。

玉山の福田寿雄さん宅。背後の山で水晶が採れる。

その家には福田寿雄《かずお》さん、ミヤ子さん夫婦が暮らしていた。夫は昭和七年（一九三二）、妻は同十一年（一九三六）の生まれである。このとき寿雄さんは八一歳、ミヤ子さんは七八歳であった。

庭には何十羽ものチャボが放し飼いにしてある。犬もいれば猫もいる。これらの小動物で庭は足の踏み場もないほどだった。ほぼ一年後の聞取りを合わせて知ったことだが、夫婦には子供が一人だけいた。娘であった。彼女は県内の美保関町へ嫁に行ったが、平成二十一年に癌のため死亡している。数えの四八歳であった。以来、家を訪ねてくる人はめっきり減る。夫婦はチャボや犬、猫を家族のように扱っていた。

夫婦は突然の訪問者に温かく、また率直であった。わたしは来訪のわけを告げ

福田寿雄さん方の庭に転がっていた水晶の群晶。

た。

「水晶はね、このすぐ裏山で採れましたよ。いまでも、いくらでもあります。大雨が降ったあとなど、この庭でも前の畑でもよく見つかりますよ」

二人は口々にそう言いながら、庭の隅から数個の原石を持ってきた。タマネギか小さなカボチャくらいの石塊に、半透明の小石がたくさんくっ付いている。その中には良質のものはなさそうだが、水晶に間違いない。玉山の地名は、この水晶山によって付いたと考えて誤りあるまい。

上小竹の一帯で、ほかに水晶が採れる場所は全く知られていない。そうである以上、玉山こそ『出雲国風土記』に記された「長江山」にほかならないことになる。

中、近世については記録が存在せず、はっきりしたことはわからないが、少なくとも二〇世紀のある時期、玉山では水晶が採掘されていた。

「この家はね、わたしの親父が農業のかたわら、水晶採りの仕事をして建てたんですよ。親父はよく、そう言ってました」

寿雄さんの話である。

寿雄さんの父、正良さんは明治四十三年（一九一〇）に玉山で生まれ、平成十一年、数えの九〇歳で亡くなっている。本家がいまの家の北側向かいにあり、そこから分家する際、現在地に新しく家を構えたのである。

このような山間にあって、農業だけでまとまった金を貯めるのは簡単なことではない。正良さんは水晶採りで日銭を稼ぎながら、建築資金を積み立てていったのであろう。昭和ひとけたから十年代にかけてのことであったらしい。寿雄さんがものごころついたころ、すでに家は建っていたのだった。

3　「長江山」とは玉山のことである

既述のように、八世紀前半に書かれた『出雲国風土記』には「長江山　郡家の東南のかた五十里なり。水精あり」と見えている。

この長江山が先に推測したとおり、間違いなく現在の玉山であるといえるのか。次に、その点を考えてみたい。

現代人の常識からすれば、「長江山」となっていれば、どれか特定の一つの山を指すと考えるはずである。そういう言葉で、漠然と山塊全体を称することは普通はない。古代にあっても、例えば奈良の畝傍《うねび》・耳成《みみなし》・香具《かぐ》のような独立峰については同様であったろう。畝傍山はあくまで、奈良盆地の南端に屹立する標高一九九メートルの山のみを指していた。

それでは、吉野山はどうであろうか。その名の山は昔からなく、いまもない。それは現吉野町南部に連なる山々を総称する言葉で、どれか一つのピークのことではない。人びとは山地の全体を「吉野山」と呼んでいたのである。

出雲の長江山にも、大和の吉野山と同じことがいえる。五万分の一の地形図を見ても、永江峠の一帯で名前の付いた山は鷹入山《たかいり》（七〇六メートル）のほかにはない。この鷹入山でさえそうなのだが、きわだった峰がないのである。これでは仮に、どれかのピークに名を付けたところで、すぐに他と判別できなくなってしまうだろう。そもそも昔の人が、いちいちの峰に名を付ける必要などなかったに違いない。

一般に山名は、その山が富士山とか槍ヶ岳などのように、よほど目立つ特徴をそなえていないかぎり、麓の村名とか山腹の沢の名を採用した場合が少なくないようである。例えば、長野県大町市と富山市にまたがる野口五郎岳（二九二四メートル）は高瀬川の支流、五郎沢の源頭上部にそびえている。これは沢の名が山の名の一部に取り入れられたものであろう。のちに述べるように、その逆ではない。野口の方は、高瀬川を下った大町市平《たいら》の集落名、野口によっている。

富山市・岐阜県高山市・同飛騨市境の黒部五郎岳（二八四〇メートル）も黒部川の支流、五郎沢のどん詰まりの上に位置している。やはり沢の名が山名に転用されたのである。もとは単に五郎岳といっていたろうが、近くの野口五郎岳と区別するため「黒部」を冠したのである。

右の「五郎」は「ゴウロ」の訛《なま》りだと考えられる。ゴウロは岩石がゴロゴロしている場所を意味する地形語である。地方によってはゴウラとなる。神奈川県箱根町の強羅《ごうら》も、これである。野口五郎岳、黒部五郎岳直下の五郎沢も、岩石がゴロゴロしている沢のことに違いない。多くの山村生活者にとっては、高山の頂《いただき》より沢の方が自分たちの暮らしに密着している。それゆえ、普通はまず沢に名を付け、その名が山名に転じたと思われる。

話をもどすと、『風土記』の長江山は「長江（現在の表記では永江）あたりの山々」あるいは「長江の背後の山々」を指す可能性がきわめて高い。それを裏づける状況証拠は、ほかにもある。

上小竹の北西隣、下小竹《しもおだけ》の本郷に鎮座する玉神社は明治の初めまで玉明神といっていた。創建時期などの記録はないが、その名前から考えて長江山の水晶と無縁ではあるまい。事実、大穴持命が越《こし》を平定しての帰途、長江山で国譲りを宣言したあと出雲だけは「青垣山廻らし賜《たま》ひて、玉珍《たま》置き賜ひて守《も》らむ」と『風土記』に見える、その「玉珍」を神体にしていたと伝えられている。これは伝説にすぎず、また現在の同社には水晶も、ほかの玉類も保存されていない。しかし、いつのころからか玉を社名にしている以上、何らかの玉類を祭祀した神社であることは、ほぼ確実であろう。そうして、この周辺で採れる玉は玉山の水晶しかないのである。

社伝によると、玉神社はもと上小竹字矢原の現矢原神社の場所にあったとされている。矢原は玉山の入り口の集落で、玉山の本村のような村である。戸数もずっと多い。元来、玉山は集落名ではなく、水晶山の名であったと思われ、その所在地は矢原だと意識されていたはずである。だから、そこに玉を祀る社《やしろ》を設けることは、しごく当然であったといえる。なお、永江は矢原の南隣の集落であり、八世紀ごろには矢原や玉山も含んで「長江」と称していたのではないか。

繰り返しになるが、「ながえ」の名の山は近辺にない。水晶が採れる場所も玉山以外にはない。そうだとするなら、『風土記』に「水精あり」と記された「長江山」は、いま玉山と呼んでいる集落の福田寿雄さん宅の裏山にほかならないと思う。

ついでながら、『風土記』が用いた「水精」の語は中国からの借用である。中国では、いつとも知れないころから、この文字で水晶を指していた。一方、岩波版『風土記』がこれに振った「みづとるたま」の仮名は、わが国最初の漢和辞書『倭名類聚抄《わみようるいじゆしよう》』（九三四年ごろ成立）によっている。

上質の水晶は無色透明であり、洋の東西を問わず水の精が凝り固まってできたと考えられていた。水精もみづとるたまも、その趣旨の言葉である。英語のクリスタルも、氷を意味するギリシャ語に由来している。

4 どこで何に使っていたか

近代の日本で水晶産地といえば、山梨県のとくに甲府市と、その周辺が知られている。甲府市北部の水晶峠や現山梨市の乙女鉱山などである。また岐阜県中津川市の苗木地区や滋賀県大津市の田上《たなかみ》地区などでも良質のものを産した。ほかにも水晶の産地は、あちこちにあった。

しかし現在、採掘しているところは一ヵ所もない。これは原石が枯渇したからではなく、良質で安価な外国産が大量に入ってくるようになったためである。その中でもブラジル産が大半を占めている。甲府市近辺はいまでも水晶の大加工地であるが、使っているのは国内の原石ではない。

古代については、はっきりしたことはわからないが、現島根県松江市玉湯町玉造の一帯が国内有数の玉の生産地であった。ただし、ここの場合、使用していたのは水晶のほか、めのう（瑪瑙）や碧玉《へきぎょく》（青めのう）などを含んでいた。それらを材料に勾玉《まがたま》、管玉《くだたま》、丸玉その他を生産し、全国各地へ供給していたのである。原石は、いまの玉造温泉街の一キロ余り北東に位置する花仙山《かせんざん》（二〇〇メートル）で採掘していた。

ここでの玉作りは弥生時代末から平安時代中期までの七〇〇年ほどの長期にわたり、周辺には三〇ヵ所以上の玉作り遺跡が分布している。そのうちの宮垣、宮ノ上、玉ノ宮の三地区は国の史跡に指定され、一部は出雲玉作史跡公園となっている。公園に隣接する出雲玉作資料館の館長、三宅博士さんによると、ここで材料にしていたのは花仙山のものにかぎっており、よそから持ち込んでいた形跡はないという。

出雲では、ほかに国庁(既述のように現松江市大草町の六所神社のあたりにあった)にも玉作り工房があった。ところが、その近辺には原材料の産出地が見つかっていない。どこかから持ってきていたようである。そうだとするなら、水晶については候補地が出雲国内に二ヵ所ある。

一つは玉山であり、もう一つは現仁多郡奥出雲町の北東部、安来市広瀬町との境に近い玉《たま》峰《みね》山(八二〇メートル)である。玉峰山のことは『風土記』の仁多郡の条に次のように載っている。

〈玉峯山《たまみね》　郡家《こおりのみやけ》の東南《たつみ》のかた一十里なり。古老《ふるおきな》の伝へていへらく、山の嶺に玉工《たまつくり》の神あり。故《かれ》、玉峯といふ〉

右の神社は別の個所では「玉作の社」と表記されており、いまは玉峰山の北西二キロばかりに鎮座する湯野神社に合祀されている。この湯野神社も、やはり『風土記』に見える古社である。

玉峰山の山腹からは、近年の道路工事の際に水晶の鉱脈が発見され、ここがたしかに水晶の産出地であったことが裏づけられた。山頂に「玉工の神」を祀るくらいだから、ここにも

松江市玉湯町の出雲玉作史跡公園内に復原された古代の玉作り工房。

玉作りの工房があったかもしれない。

一方、上小竹の玉山については、その辺のことは全くわからない。ただ、『赤屋村史』（一九七二年、赤屋地区公民館。上小竹は、かつて赤屋村に属した時期があった）には、「太古にはここ（玉山のこと＝引用者）に攻玉師が居て盛に玉を造ったと伝える」と見えている。何らかの伝承はあったのであろう。攻玉《こうぎょく》とは中国の古典に出てくる言葉で、「玉をみがく」の意である。

右とは別に、玉山には気になる小地名が残っている。それは、ちょうど福田寿雄さん宅あたりの小字《こあざ》名「玉静」である。資料によっては「玉シツカ」とも「玉仕塚」ともなっている。いずれであれ、水晶山の真下を、こう呼んでいるのである。

タマシヅカの語が意味するところは、

はっきりしない。タマが玉すなわち水晶を指すことには一点の疑問もあるまい。先の『赤屋村史』では、全体を「玉師塚」の意にとっている。そのうえで玉師は玉作りの工人、塚は古墳ではないかと推測しているようである。そうだとするなら、その位置にぴったり合うことになる。

しかし、問題がないわけではない。玉師という湯桶《ゆとう》読みの言葉が古代にあったのかどうか、いささか疑問なしとしないからである。「師」はもちろん、もとは中国語である。古代にあっては、漢字を理解できる者はごく限られていた。何かに秀でた人間を「シ」といってみても、庶民には何のことかわからなかったはずである。つまり、「玉師」なる言葉はあったとしても、中世以後に使われはじめたのではないかと、わたしには思える。

ただし、そうであっても、かなり古い時代から玉山に玉の工人がいたことになって、それは古代の姿を反映していることになるかもしれない。「タマシ＝玉師」説は、その点では捨てがたいものがある。

タマシを土地台帳の一つのとおり、「玉仕」に解した人もいる。この場合も、その意味を「玉類を製作する工人」としており、先の指摘と基本的には変わらないことになる。

字玉静《たましずか》には古墳も古い時代の墓も見つかっていない。これは未発見ということかもしれないが、「ツカ」なる語は墓を指すとはかぎらない。ほかより高いところもツカであって、富士山の溶岩斜面の、とくに南東側には大塚、赤塚、黒塚など多数の塚地名が見える。いずれも斜面中の小隆起である。

タマシヅカのツカは背後の水晶山を指している可能性もあり得る。これでも「玉作り工人たちの山」となって、それなりの意味はなす。しかし、地名というものは長い年月のあいだに大きく訛る場合が珍しくない。もし、そのような変化が起きていたとしたら、いまの発音にもとづく推測をしてみても徒労に終わってしまうだろう。さらに話を進めるには結局、玉静一帯の発掘調査を待つほかないかもしれない。

5 近世には鉄の産地であった

玉山のあたりに八世紀以前から人が住んでいたことは、これまでに述べてきたことによって疑いあるまい。その地名も当時、すでにできていたろう。住民は、水晶採りを生業にしていたはずである。

しかし、その後の歴史は一〇〇〇年近くにわたって、ほとんどわからない。相変わらず水晶を掘っていたのか、それとも別の仕事が中心になっていたのか、記録がないので不明である。それどころか、ここで人が暮らしつづけていたのかどうかも判然としない。

もっとも、本村といえる位置にある矢原には一四世紀ごろの築城と推定される矢原城跡があり、その付近には古城口《こじょうぐち》、御殿跡、馬乗馬場《ばじょう》などの地名が残っている。既述の下小竹の玉神社には、寛永元年(一六二四)ごろと思われる棟札《むなふだ》が保存されているが、同社はもと矢原に鎮座していたことがほぼ確実だから、中世ここに相当数の人家があったことは間違いあるまい。すぐ南隣は永江である。これが『風土記』の「長江山」の長江であることは明らかであり、その地名は古代には矢原あたりも含んでいたろう。要するに、いまの矢原や永江には古代から一貫して人が住みつづけていたと考えられる。

玉山は矢原から一キロくらいしか離れていない。小竹《おだけ》川の支流沿いに、ささやかながら平地も開けている。そうである以上、玉山でもずっと集落が営まれていたのではないか。そうして、少なくとも近世には鉄の生産が重要な生業になっていたことには、揺るぎない証拠がある。

出雲における鉄生産の歴史は古代にまで遡る。『風土記』飯石《いいし》郡の条には「波多《はた》の小川」(出雲大社近くを河口とする神戸《かんど》川の支流、波多川のこと)と「飯石の小川」(宍道《しんじ》湖に注ぐ斐伊《ひい》川の支流、三刀屋川へ流れ込む飯石川のこと)には、「鉄《まがね》あり」と記されている。また、仁多郡横田郷の条には、「以上《かみ》の諸郷《さとさと》より出《いだ》すところの鉄《まがね》堅くして、尤《もと》も雑《くさぐさ》の具《もの》を造るに堪《た》ふ」と見えている。横田郷は、既述の玉峰山の南西麓を主邑とする地であった。出雲は当時、すでに鉄生産の先進地だったのである。

しかし、この国を含む中国山地が日本一の鉄生産地になり、いたるところにたたら炉が設けられるのは江戸時代の初め以後のことであった。たたら(踏鞴)とは元来は、小型の製鉄炉に風を送り込む足踏みふいごを指す言葉だが、炉そのものもたたらと呼ぶ場合もある。鉄の原料は、主に「鉄穴《かんな》流し」という方法で得ていた。鉄穴流しは、鉄分を含んだ山の土を崩して、長さ数十メートル以上の水路に流し込む。鉄は重いので底に沈み、軽い土は流されていく。これを繰り返して、しだいに鉄分を多くするのである。つまり、一種の比重選鉱法で、最終的には純度八〇％以上の砂鉄になるという。これを木炭とともに、たたら炉に入れて三昼夜ないし四昼夜、高温で燃やしつづけると、鋳鉄か鋼ができる。その違いは原料砂鉄のケイ酸分の差によっており、前者が含有量が低い。

この製鉄法にもとづく地名は、中国山地のそこら中に無数に残っている。いま上小竹の地内からそれをひろうと、鑪《たたら》、鑪床《たたらどこ》、鑪向《たたらむき》、鑪廻《たたらさこ》、鉄穴谷《かんなだに》、与平鉄穴、石鉄穴、鉄《かな》クソ谷、鍛冶屋田などが見つかる。カナクソはノロともいい、製鉄作業の過程で生じる残滓のことである。これらのほか、焼炭ヶ谷、釜ヶ谷もたたら関連地名である。木炭は燃料、還元剤としてたたら炉に欠かせず、近世以前には庶民が料理、暖房用に使うものではなかったからである。炭焼き集団は元来、たたら師と一体の職能民であった。

明治十二年（一八七九）から十六年にかけて編纂された島根県の「郡村誌」によると、上小竹村の当時の戸数は八七、人口四〇九で物産は米、柿、栗、大炭、熟鉄となっている。大炭はたたら炉向けの炭、熟鉄は「ヅク」すなわち銑《づく》（鋳鉄＝鋳物）のことであろう。これによって、明治の初めごろにはまだ鉄の生産が行われていたことがわかる。

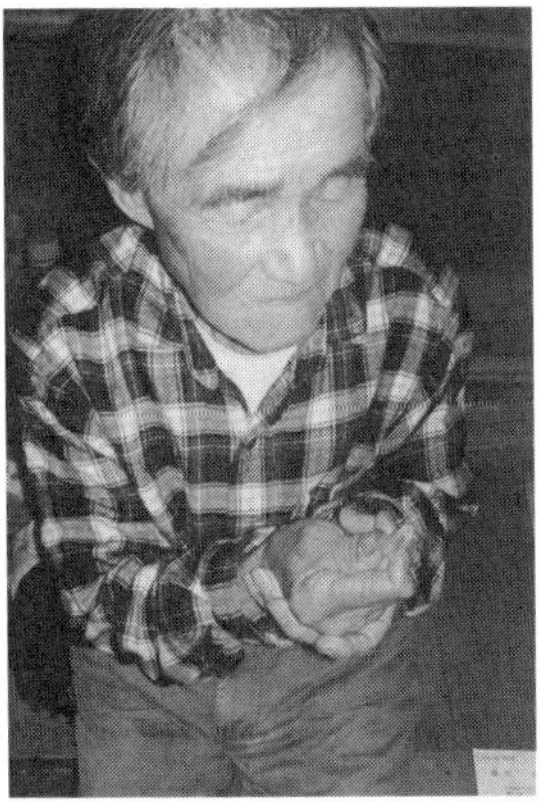
庭先で拾った水晶を手にする
福田寿雄さん。

右に述べたことは、矢原、永江、熊谷、久根、玉山の五集落からなる上小竹全体の話である。しかし、玉山にも製鉄現場があったことは、地内の

「玉山鉄穴谷」の小字名によって証明される。

玉山の現住三戸の一戸、片山浩康さん（昭和五年・一九三〇年生まれ）も、

「ここでも昔、鉄穴流しをやっていた。野だたらがあり、そこで使う炭も焼いていた。ここの者は炭焼きで金を貯めて、いまの田んぼを開いたんだ」

と話している。野だたらとは、覆い屋のない野外のたたら炉のことである。

右は片山さんの年齢から考えて、親やその年代あるいは、さらに年長の人から耳にしたことであろう。中国山地のたたら製鉄は大正時代を最後に、いったんはほぼ廃絶しているからである。

既述のように、三戸のうちのもう一戸、福田寿雄さんは、

「この家は、わたしの親父が水晶採りをして建てたんですよ」

と言っていた。

二つの証言は、矛盾しているようにも受け取れる。これは何を意味しているのだろうか。

6　太平洋戦争勃発で日本刀の玉鋼《たまはがね》を作る

江戸時代を通じて生産量を増やしつづけた中国地方のたたら炉は明治時代になって最盛期を迎え、明治二十三年（一八九〇）には炉床二三〇ヵ所を数えて、その産鉄量は一万七〇〇〇トンに達する。しかし、衰退は急激であった。明治時代、欧米の近代製鉄法が導入されて、それに駆逐されたのである。

ところが意外なきっかけで、いっとき息を吹き返すことになる。昭和六年（一九三一）の満州事変の勃発、同十二年からの日中戦争、これにつづく太平洋戦争（同十六年―二十年）が、たたら炉の復活をうながしたのだった。すなわち、この長期にわたる戦役のあいだ、軍人たちが日本刀を求めた結果である。

日本刀は玉鋼《たまはがね》がないと作ることができない。その玉鋼は、たたら炉でしかできない。近代的な高炉からは日本刀の原材料は産みだせないのである。それは今日でも変わらず、だから現在も奥出雲町大呂《おおろ》では全国で一ヵ所だけ「日刀保たたら」が操業をつづけ、各地の刀鍛冶に玉鋼を供給している。日刀保とは、日本美術刀剣保存協会の略称である。こんな話を長々と書いたのは、のちに述べるように玉山での水晶採掘とかかわりが深いからである。

昭和初期、中国山地で復活したたたら炉が何基くらいあったのか、それぞれの操業開始時期がいつであったのか、ほとんどわからなくなっているようである。ただ、そのうちの一基は、いまの日刀保たたらの隣にあった。経営主体は現日立金属安来工場の前身会社である。同社が設立し、のち安来市へ移管された和鋼《わこう》博物館の特別研究員、三奈木義博さんによると、そのたたら炉の復活は昭和八年であったという。そうして閉鎖されたのは、敗戦の年の同二十年である。理由はいうまでもなく、軍人向けの日本刀の需要が皆無になったためであった。

ここに日刀保たたらが再々開されるのは同四十四年である。その後、本格操業をめざして旧吉田村（現雲南市吉田町）と民間の共同出資による株式会社「たたら」が発足、昭和六十三年から玉鋼の生産をつづけている。その背景には、美術刀への根強い要求があった。

昭和八年から大呂で軍用刀の玉鋼を生産していた当時、近隣の中国山地には少なくとも数基のたたら炉が存在していたらしい。だが前に記したように、その数ははっきりしない。これは、わたしの取材不足ということもあるが、たたら炉の操業には秘密の技術が多くて仕事の様子が外部に伝わりにくかったことも理由のように思われる。

例えば、炉を作る土である。たたら炉の一工程は三昼夜ないし四昼夜であり、これを一代《ひとよ》と呼ぶ。この間、たたら師たちは、ほとんど不眠不休で炉を燃やしつづける。そうして、銑鉄または鋼鉄を得るときに炉は壊してしまう。というより、炉はすでにぼろぼろになっている。炉の成分と原材料の砂鉄、燃焼・還元剤の木炭とが反応、融合しているのである。

したがって、炉は毎回、作りなおさなければならない。一つのたたら床の操業回数は、年に六〇回ほどであったというから大量の原料土が必要になる。しかも、その土の成分が重要であった。さらに、これに砂とか粘土を混ぜて炉を作るが、土の採取場所、配合物質、配合割合など、すべてが秘密であった。

先の三奈木義博さんは、

「たたら製鉄はノウハウだらけです。その一切はムラゲ（村下）が握っていて、人には絶対に教えません。ムラゲは、まあ職工長ですな。その知識と技術は昔は一子相伝で、だから例えば土の採取地など経営者にもわからず、記録にもまず残っていません」

と話している。

ムラゲは、たたら製鉄の現場では絶対的な権力者であった。当然、作業の失敗はすべてムラゲの責任になる。この辺は日本酒造りの杜氏《とうじ》に似ているかもしれない。

また、炉を作る土の採取地が秘密にされていたところは、陶工たちが陶土の産出地をしばしば深く隠していたことと共通していそうである。

本節で記したことは、玉山の近代史を語るうえでの前置きのようなものになる。

7　玉山での近代の水晶採取

先に紹介したように、明治十年代に成立した「郡村誌」では上小竹の物産は米、柿、栗、大炭、熟鉄となっていた。水晶は含まれていないのである。ところが、明治四十三年（一九一〇）生まれの福田正良さんは、字玉静《たましずか》の裏山で水晶採りをして家を建てたと、息子の寿雄《かずお》さんは言っていた。このあたりを、どう考えるべきだろうか。まず、寿雄さんの記憶を、もう少し詳しくたどっておきたい。繰り返しになるが、寿雄さんは昭和七年（一九三二）の生まれである。

「この裏山で水晶掘りが始まったのが、いつのことか知りません。わたしがものごころついたときには、もうやってましたねえ。矢原や玉山の人間も働いてましたが、おおかたは朝鮮人労働者でした。うちの家のすぐ西側に飯場があって、そこで寝起きしていたんですよ。何十人もいたと思います。現場監督は矢原の片山さんという人で、とっくに亡くなりました。水晶掘りは、たしか戦後の昭和二十五年か二十六年ごろまでやっていたはずです。採った水晶は、人が肩にかついで矢原へ下ろしていました。そのあと、どこへ持っていったのか、わたしにはわかりません」

昭和四十七年発行の既述『赤屋村史』にも、ごく簡単ながら「先年掘り出した不正形の水晶屑が山裾一面畑にまでちらばっている」と見えている。近いころまで、玉山で水晶を採っていたことに疑問の余地はない。

では、その水晶を何に使っていたのだろうか。近代の採取が満州事変、日中戦争、太平洋戦争などの時期にわたっていることは、福田さんの証言からも明らかである。そんな非常時に、宝飾品用に採掘していたことは考えにくい気がする。しかも、玉山の女性たちはもっぱら運搬に当たっていたようなのである。つまり、それだけ大量の水晶を掘り出していたことになる。この事実も、宝飾用ではなかったらしいことをうかがわせている。

そのあたりを推測するうえで、やはり玉山在の片山浩康さんの話は参考になりそうである。片山さんは既述のように昭和五年生まれで、福田さんより二歳の年長になる。

「あそこの水晶山を掘らせていたのは日立金属ですよ。あの水晶は品質がよくないので、たたら炉の材料に使ってました。ほかのいろんな物質と混ぜて炉を作るんです」

福田さんの場合もそうだが、いま記している会話の部分は東京方言風になおしてある。片山さんは声も小さく、出雲方言が福田さんより強いようで、わたしには理解しにくいところもあった。右の話はそう大きく違っていないと思うが、誤解しているところがないとはいいきれない。

とにかく、片山さんの言うとおりだとしたら、玉山で採っていたのは水晶というより、そ

玉山の片山浩康さん宅。左側の茅葺き屋根は分家で、夏のあいだだけ使っている。

れを含んだ土であり、たたら炉の製作用であったことになる。

先の和鋼博物館、三奈木義博さんによると、炉の土はシリカ（二酸化ケイ素）分が高くなければならないという。シリカは自然界には石英の形で存在することが一般的である。そうして、水晶とは結晶形の明瞭な石英のことだから、水晶鉱脈を含む地層にはおのずとシリカ分が多くなる。

玉山の水晶山のことなら、近隣の人びとはみな知っていた。その中にたたら師がいてもおかしくないし、そうでなくてもムラゲのだれかが住民から情報を得たことも考えられる。あるいは、玉静の裏山の土がたたら炉の製作に向いていることは、古くからの常識であったかもしれない。証拠はないが、ここの土をたたら用に掘ることは江戸時代以来つづいていた可能性もあるのではないか。

いずれであれ、昭和初期に軍刀の需要から何基かのたたら炉が再稼動しはじめたとき、玉山の土を使う炉があったことは間違いないように思われる。ただし、この話に対して福田寿雄さんは首をかしげていた。福田さんの理解では、裏で採れる水晶はあくまで宝飾用だったのである。軍刀の生産は、昭和二十年八月の敗戦と同時に中止されている。ところが、福田さんの記憶では水晶採りは同二十五、六年ごろまでつづいていた。これが思い違いでないとすれば、宝飾用だったと考えるほかあるまい。

片山さんの話も福田さんの記憶も正確だとすると、玉山での近代の水晶山掘りは宝飾用と、たたら炉の土向けを兼ねていたことになる。斜面を崩しながら、良質の結晶を探す一方、シリカ分の高い土を大量に集めていたのかもしれない。わたしは二度目の取材の折り、福田さんが庭先で拾ったという水晶をいただいたが、それはきれいな六角柱の形になっており、透明度も高かった。

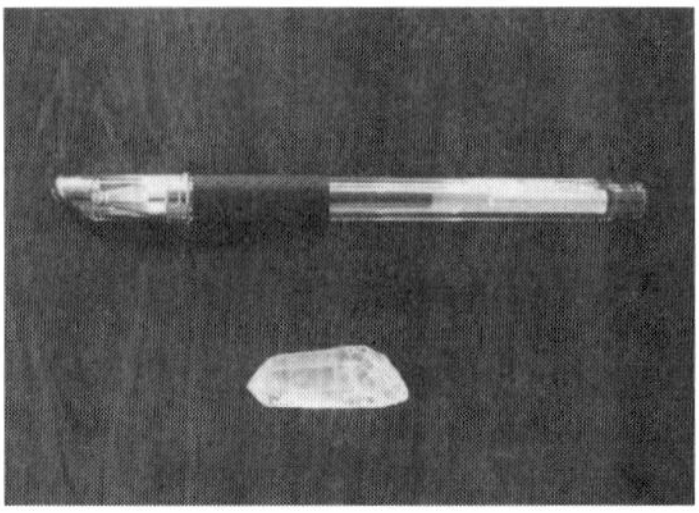
大雨のあと福田寿雄さんが庭先で拾った水晶。
きれいな六角柱の形で、透明度も高い。

なお、片山さんの「あそこの水晶山を掘らせていたのは日立金属ですよ」との言葉を和鋼博物館の三奈木義博さんに伝えたところ、

「わたしは玉山で水晶が採れるということは知りませんでしたが、そこの土をたたら炉に使っていた可能性はあると思い

ます。水晶鉱脈はシリカ分が高いですからね。しかし、その裏づけをとるのは、いまとなっては難しいでしょう」

とのことであった。理由は前節で説明したとおりである。ちなみに、三奈木さんは博物館の特別研究員（嘱託）になるまでは、長く日立金属安来工場に勤めていた方である。

8　水晶山の麓に生きて

玉山には現在、三戸しかない。それぞれのあいだは直線距離でも、百数十メートルから二百メートル近く離れている。それが空の広さや田畑の手入れのよさと重なって、この集落の印象を何となく明るくしているようである。もちろん、村は深刻な問題をかかえている。そう遠くない時期に迫っているかもしれない消滅の可能性である。

水晶山直下に住む福田寿雄さん、ミヤ子さん夫婦は、そのあたりのことはもう考えないようにしている。いくら考えても、どうにもならないことだからである。

ミヤ子さんは昭和十一年（一九三六）に、玉山から北西へ七キロほどの「比婆山《ひばやま》」で生まれた。比婆山とは、伯太町横屋の比婆山久米神社付近のことである。家はきょうだい八人の子だくさんであった。福田家へ嫁いで「ことし（平成二十七年）で五九年になる」というから、昭和三十二年の結婚であろう。既述のように娘が一人いたが、六年前に癌で死亡している。八人いたきょうだいのうち、いまも存命しているのは弟とミヤ子さんの二人だけである。これまでに多くの肉親の死に会ってきたことになる。

わたしが二度目に訪ねたとき、夫婦は飼っている犬と猫の餌を買いに出かけるところだった。チャボの餌は農協から仕入れるが、ペットフードは「鳥取県まで買いにいく」とのことだった。驚くわたしに、「いや、すぐそこですよ」と言い残して、二人ながら軽トラックで出かけたのだった。一時間半ほどほかをまわって戻ってみると、夫婦は一足先に帰っていた。

福田家には犬が一匹、猫が三匹、チャボが数十羽いた。チャボはひっきりなしに卵を産む。おおかたは有精卵のようだが、親に卵を抱かせるのは一部だけである。全部をかえさせていたら、たちまち家ぢゅうチャボだらけになってしまうだろう。卵は自家用で出荷はしていない。

そばで見ていても、飼っている小動物たちは夫婦にとって家族同然のように思えた。猫の一匹は、わたしに気づくなりすぐにすり寄ってきた。頭をなでると、気持ちよさそうに目を細める。初対面の人間に対して、これほど警戒心のとぼしい猫を、わたしはほとんど見たことがない。夫婦にしか接したことがなく、その夫婦に粗末に扱われた経験がないためであろう。

玉山に人が住みついたのは、いまから一三〇〇年以上も前であったことは確実だといえる。その目的が水晶採りにあったことも、まず間違いあるまい。その水晶を、ここで各種の玉に加工していたかどうかわからない。しかし、いまの矢原や永江に工房が構えられていた可能性は十分にある。少なくとも、この一帯で運搬に便利な程度までは原石に手を加えていたのではないか。

当時の玉山は、おそらく現在あるいは半世紀ほど前より、ずっと大きい集落であったろう。その後、一〇〇〇年近くにわたって、人びとがここでどんな暮らしを営んできたか不明である。水晶製品の需要がつづいていれば、それなりの規模は保っていたと思われる。だが、現松江市玉湯町玉造での玉生産が一〇世紀ごろを最後に途絶していることから考えて、玉に対する日本人の価値観に大きな変化が起きたらしい。もし、そのとおりだとすれば、玉造あたりにくらべて山奥に位置する玉山や矢原、永江での加工はすでに衰退していたはずであり、同時に水晶の採掘もやんでいたのではないか。

しかし、江戸時代の中期ごろには、ここに再び相当の人が集っていたに違いない。彼らは砂鉄採りや、たたら場の職人・労働者として働いていた。地内に残る玉山鉄穴《かんな》谷の地名が、それを裏づけている。たたら炉に木炭は欠かせないから、当然、周辺の山で炭を焼く者たちもいたろう。

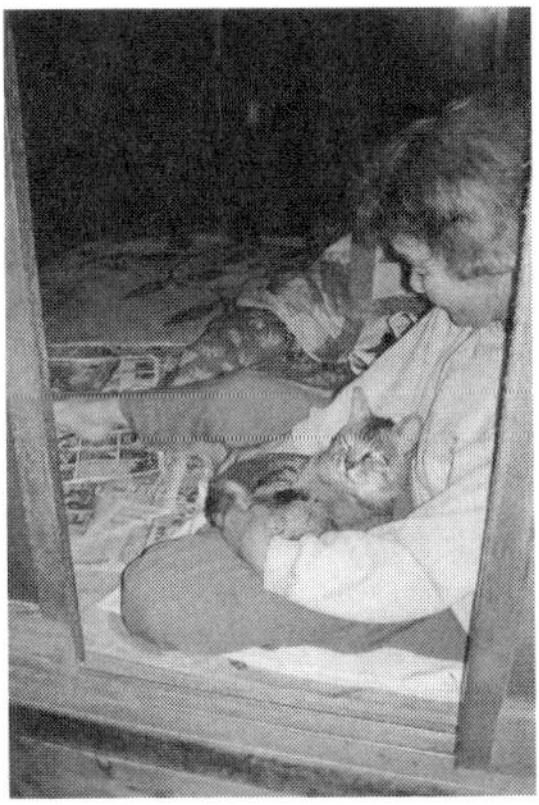

飼い猫を抱く福田ミヤ子さん。右足が痛くて正座できない。

住民が村を去りはじめたのは、明治時代の末ごろではなかったか。欧米から導入された大量の鉄鉱石を高炉で燃やす製鉄法によって、仕事がなくなったためである。ところが、村人には予想もしなかった十数年にわたる戦争が、また玉山の人口を増加させる。その中には朝鮮人の、おそらく徴用工も何十人か含まれていた。だが敗戦で、その人たちも相次いで集落を離れていく。

ここでの水晶採りがいつまでつづいたのか、いまひとつ判然としないが昭和二十年代の半ば以降に及ぶことはなかった。その時点で、村の世帯は六戸になっていた。現在は何度も述べたように三戸である。

いま、たぶんに推測を込めて振り返ったように、この小さな山間の天地にも一三〇〇年を超す歴史があり、その盛衰にはなかなか激しいものがある。どんなにささやかに見えても、これこそ歴史と呼ぶべきものではないだろうか。

村の将来は楽観できない。この小集落が消滅するということは、都会の団地が何十年かの寿命を終えることとは異質のできごとのように思える。消滅の予感を抱きつつ、ひっそりと暮らす数人の住民にとって何の意味もないことだろうが、福田寿雄、ミヤ子さん夫婦の率直な話を聞けたことは、わたしには記憶に値することであった。

第二章　マタギは、なぜアイヌ語を使っていたか

1　秋田マタギの故郷

秋田県仙北《せんぼく》市西木町（旧仙北郡西木村）と、その北隣の北秋田市阿仁《あに》（旧北秋田郡阿仁町）は、奥羽山脈と出羽山地にはさまれた山間地である。両地方は秋田内陸縦貫鉄道と国道105号によって結ばれている。境界を大覚野《だいかくの》峠といい、鉄道はここを大きく迂回してトンネルをくぐることになるが、道路は屈曲を繰り返しつつ峠を越えていく。ただし、本来の大覚野峠は南方二キロばかり、標高五八二メートルのもっと険しい鞍部を指していた。いまはもう、歩くのも難しくなっているのではないか。

峠の両側の国道に沿って、あるいはそこから山襞《やまひだ》に向かって入り込んだ谷筋や小盆地に点在する小《お》波内《なみない》、中里、浦子内《うらしない》、戸沢（以上、南麓の仙北市）、比立内《ひたちない》、打当《うっとう》、笑内《おかしない》、根子《ねっこ》（以上、北麓の北秋田市）などは、古くから秋田マタギの暮らす集落として知られていた。

マタギとは何かについては、これから追いおい記すことになるが、いまはとりあえず『広辞

苑』の「東北地方の山間に居住する古い伝統を持った狩人の群。秋田またぎは有名」という説明を紹介しておくだけにしたい。

平成二十七年九月、わたしは105号を南から北へ向かって車を走らせていた。このあたりを訪ねるのは二九年ぶりのことであった。まわりはひたすら山また山であるが、さして険しくはない。どちらかといえば、壮大な里山といった印象である。しかし、南側の戸沢から北側の比立内まで一五キロほどのあいだ、一軒の人家も見ることがなかった。柳田國男は『遠野物語』の初版序文（一九一〇年）に、

「昨年八月の末自分は遠野郷（現岩手県遠野市＝引用者）に遊びたり。花巻より十余里の路上には町場三ヶ所あり。其他は唯青き山と原野なり。人煙の稀少なること北海道石狩の平野よりも甚だし。或は新道なるが故に民居の来り就ける者少なきか」

と書き残しているが、戸沢・比立内間は、まさしくそのとおりの風景であった。

市境すなわち、かつての郡境を北へ越えた最初の村が比立内である。ささやかな街村《がいそん》になっており、そこに「マタギの里　あに」という道の駅ができていた。比立内から打当川を東へ一〇キロばかりさかのぼった打当には「打当温泉　マタギの湯」があり、その途中には秋田内陸縦貫鉄道の「阿仁マタギ駅」がある。ほかにも、あちこちで「マタギ」の文字をよく目にする。いずれも、前に来たときにはないことであった。

マタギの伝統文化は、わたしが前回ここを訪れた昭和六十一年（一九八六）には、すでにほぼ過去のものになっていた。いや、小説家の戸川幸夫氏が昭和三十七年に発表したドキュ

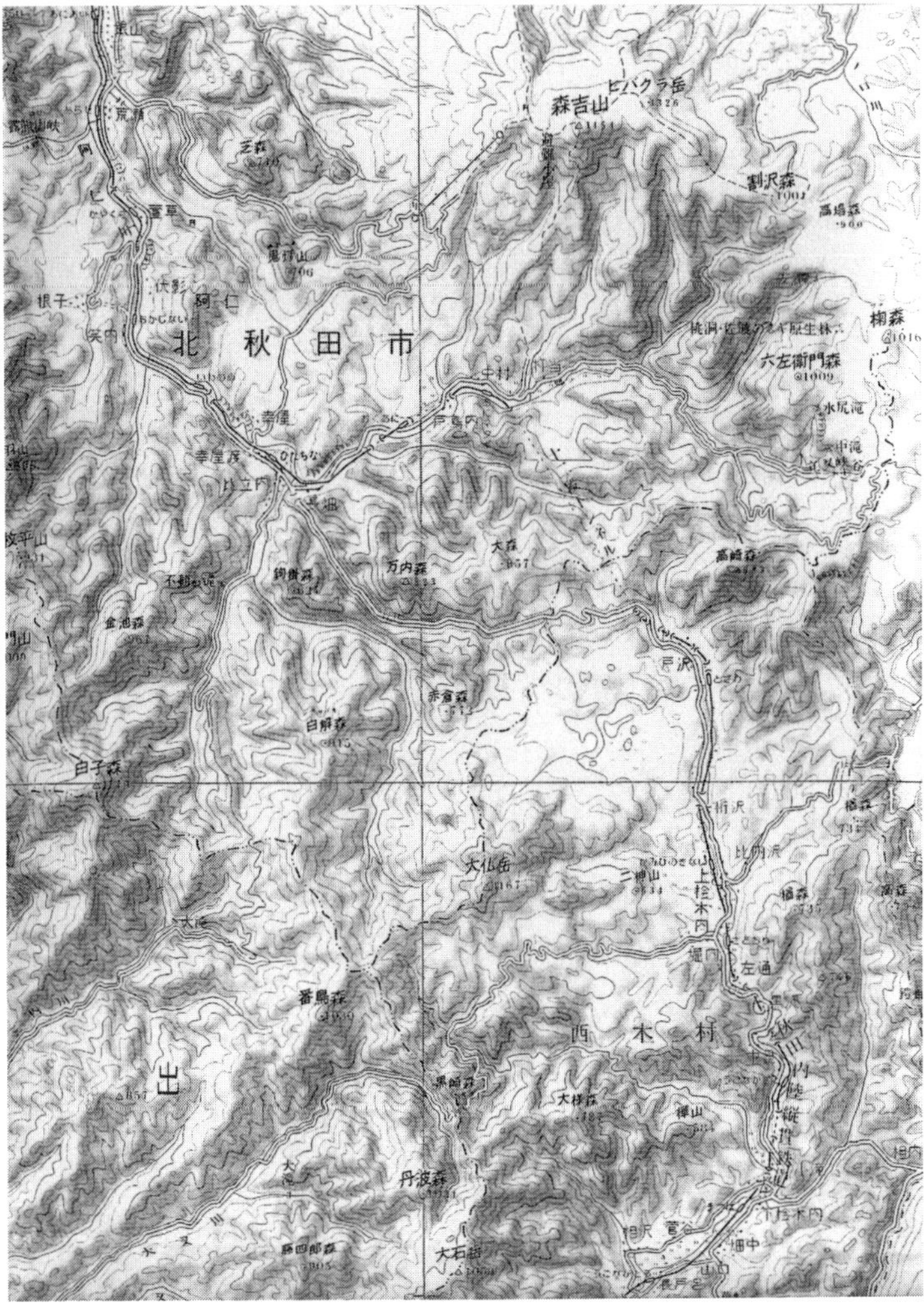

秋田県北秋田市阿仁地方の地図。国土地理院20万分の1図「秋田」より。

メント『マタギ』では、はやくも次のように述べられている。

〈たしかにいまはマタギと自称していても、昔のマタギとはまったく変貌している。山達《やまだち》根本之巻もオコゼも、節分の豆も無視している。山言葉も知らなければ、山達作法にも通じていない。狩衣も改良され、銃器も発達した。(中略)

今日ではみんな近くの山々で狩猟するだけで、遠く関東、関西、信越の山々に出かけることはまずない。クマの毛皮やテンの毛皮、クマの胆《い》などを売りはするものの、それは職業としてではない〉

それから半世紀以上もたった現在、一帯の狩猟免許所持者たちがどうなっているか、あえて記すまでもあるまい。そもそも狩猟者自体が激減しているのである。かつて一〇〇戸ほどを数えた集落の壮年男子の全員がマタギ稼業に従っていたといわれる北秋田市阿仁根子でも、狩猟者はわずか四、五人にすぎなくなったということである。

ここだけで時間が止まっていることなどあるはずがなく、それはわたしにも来る前からわかっていた。わたしの再訪の目的は、マタギの狩猟習俗について何かを聞取ることではなかった。二九年前でも、それは同じであった。その方面では第二次大戦前、繰り返し仙北、北秋田を訪ねて名実ともにマタギと呼べる人びと数十人から聞取りを重ねた、角館《かくのだて》に住んでおられた武藤鉄城氏の『秋田マタギ聞書』があったし、柳田國男門下の民俗学者、高橋文太郎氏の『秋田マタギ資料』も、やはり柳田門下の後藤興善氏の『又鬼と山窩』も戦前の刊行であった。また、先の戸川幸夫氏の調査も昭和二十年代と早かった。ほかにもマタギについての聞取り調査は少なくない。いまさら、わたしが何日かの取材で付加できることなどほとんどなかったのである。

前回の訪問のとき、わたしの主な関心はマタギという言葉の語源および、この言葉の分布範囲にあった。二度目には、それがマタギたちの山言葉（これについては後述）に残るアイヌ語と、この地方一帯に見られるアイヌ語に由来する地名に移っていた。その調査を通じて、かつて史書に現れた蝦夷《えみし》とは何か、彼らとアイヌ民族とはどのような関係にあるのか、マタギとアイヌには何らかのつながりがあるのかどうか考えてみたかったのである。

2　マタギとは、どんな猟師のことか

「マタギ」という言葉は今日、普通の日本語として通用しているといってよいだろう。その意味するところは猟師を核とし、これに加えて「東北地方にいる、あるいはいた」とか「伝統的な習俗を守る」や「とくに熊狩りに従った」「雪山を超人のように駆け巡る」などのイメージを浮かべる人が多いのではないか。あるいは、どこに住んでいるかにかかわりなく、単に職業的猟師のことだと考えている人もいるかもしれない。

どんな言葉によらず、語源が明らかになれば、その正確な意味に近づきやすい。ところがマタギについては、いくつもの説が提起されていて、結局これといった有力な指摘はまだな

いようである。それどころか、この言葉が日常語として、どの範囲で使われていたのかも実ははっきりしていないのである。その一方で、地域の人びと自らが、または外部の研究者や著述者らが伝統的職業猟師をマタギと呼びだしたため、元来はこの言葉が用いられていなかったところにも普及した場合が少なくない。山形県西置賜《おきたま》郡小国町小玉川は、そのような場所の一つである。

　小玉川は、その地内の地名の一つ長者原の名で呼ばれることが、むしろ普通のようである。そこは飯豊《いいで》山（二一〇五メートル）北麓の、北秋田市阿仁あたりよりきびしく切り立った山々に囲まれた山村である。いかにもマタギの里といった風情の土地であり、事実、最奥の国民宿舎「飯豊梅花皮《かいらぎ》荘」には「八〇〇年の歴史をもつ　マタギの湯」の看板が出ているし、別の沢筋の最奥に建つ「泡の湯温泉」も「マタギのふるさと」を名乗っている。「マタギの館」という食堂もあれば、「マタギの里」を称する民宿もある。かつては国道１１３号の村への入り口には、「マタギの里　長者原」という矢印の付いた大看板が立っていた。

　しかし、このあたりでマタギなる語が使われはじめたのは、せいぜい四〇年くらい前のことで、ごく新しい。それには仕掛け人がいた。昭和六十一年当時、泡の湯温泉の経営者だった舟山鉄四郎さん（一九二五年生まれ）は、その旗振り役の一人であった。

　村はそのころ、すでに深刻な過疎化に直面していた。それをいくぶんかでも食い止めるためには、何らかの産業が必要であった。観光が候補の一つに選ばれたのは、似たような条件下にあるほかの地域と同様であった。人を呼ぶには、それなりのキャッチコピーが求められ

山形県小国町小玉川（長者原）の遠景。

る。それで採用されたのが「マタギの里」だったのである。

舟山さんは山形県南陽市の人形店に頼んでマタギの人形を作ってもらった。それにカモシカ皮の服を着せ、旅館に飾ったりした。服は新潟県村上市三面《みおもて》の猟師がむかし着ていたものであり、それを買ってきたのである。昭和六十一年、わたしが長者原を訪ねたとき、その準備を進めている最中であった。

舟山さんは、わたしの聞取りに対し、

「この辺では、もとはマタギという言葉はなかった。リョウシといっていた。最近になってマタギの里で売り出すことになった。そういうことでピーアールを始めた」

と答えている。

舟山さんが狩猟習俗については、この

人に聞くとよいと言った同じ長者原の藤田俊雄さん（一九一二年生まれ）も、

「ここでは猟師のことはリョウシとかカリウドと言っていた。マタギという言葉は最近になって使いだした。昔は、そんな言い方はしていなかった」

と明言している。

東北地方だからといって、伝統的な職業猟師のことを、どこででもマタギと呼んでいたわけではなかったのである。しかし、いまの長者原では、若い人びとはもちろん相当の年配者たちでも「マタギという言葉は昔から使っていた」と話すことが多いのではないか。そうして、東北地方にかぎらず関東以西でも、同じ状況が生じているところは少なくないように思われる。そうなると、「マタギ」なる民俗語彙が普及していた範囲を正確に特定することは簡単ではないことになる。

職業猟師を古くからマタギと呼んでいたことが確実な地域は、わたしが気づいたかぎりでは秋田県、青森県のとくに西部、岩手県のやはり西部を挙げることができる。これらについては、江戸時代の文献に文字はさまざまながら「マタギ」の語が見えているので間違いないといえる。そのほか新潟県の北部や北海道、さらに旧カラフト（現ロシア領サハリン）南部にもあったことが、ほぼ確実なようである。ただし、これ以外になかったとは、むろん言い切れない。わたしには、はっきりしないだけのことである。それで、二、三の著述に現れた、この言葉の使用地域についての言及を紹介しておきたい。

• 柳田國男、倉田一郎編『分類山村語彙』

マタギは即ち古い伝統をもつ東北地方の山間深くに棲む狩人の群である。福島・宮城を除いた四県に多く、特に秋田マタギは有名である。

・武藤鉄城『秋田マタギ聞書』

マタギという言葉の分布は広い。秋田はもちろん、青森、岩手、宮城、新潟などにあり、ただ山形県でマタギと云わず狩人と云ってるのは不思議である。（中略）また北海道アイヌ、樺太アイヌ及び同島オロッコ土人にもマタギという言葉がある。

・戸川幸夫『マタギ』

現在、マタギなる呼び名が通用しているところは主として秋田県を中心として、青森県、岩手県、山形県の一部だが、福島県、新潟県でも使用しているところもある。それぞれの指摘が微妙に食い違っていることがわかる。しかも、どの著書も中心地域としている秋田県でさえ、全域でこの言葉が用いられていたとも断言できないのではないか。ただ、マタギと東北地方とのかかわりが深いことは疑いあるまい。そうである以上、彼らが熊狩りにたけ、雪山の移動にたくみであったことは当然であったろう。

なお、『分類山村語彙』には「マトギ　東北で狩人を謂《い》ふマタギといふ語と、もとは一つであつたと考へられるが、四国だけに遺《のこ》つてゐるこの語は狩猟のことである」と見えている。しかし、東北と四国に挟まれた地方や九州などではマタギの語もマトギの語も確認されていないことは、いささか不審であり、この両語が「もとは一つ」であったかどうかには、なお疑問が残っていると思う。この点については、またのちに取上げたい。

3　彼らの山言葉とアイヌ語

マタギにかぎらず猟師たちが、獲物を求めて山へ入ったときにだけ使う、一般に山言葉と呼ばれる特別の語彙群があった。前記『分類山村語彙』の「ヤマコトバ」の項では、次のように説明されている。

〈山詞《やまことば》。狩猟その他のなりはひの為、山小屋に暮す者が特定の里言葉を忌み、その代りに用ゐる詞である。（中略）マタギの山詞は全体が寄せ集めで、古語やアイヌ語・普通の隠語などの採用の外に、また自作もあつたらしく、その分が殊に興味深いやうである（後略）〉

と述べたあと、マタギが山言葉に採用していたアイヌ語の例として「ワッカ（水）」「セタ（犬）」「シャンベ（心臓）」の三つを挙げている。

マタギの山言葉といっても地域差があったが、右の三語はかなり広い範囲で確認されており、それがアイヌ語と発音、意味とも一致することは各種のアイヌ語辞典に照らして明らかである。

右のうちセタは地方によってシェタ、セダ、シャンベはサンベともいったとの報告があるが、アイヌ民族出自のアイヌ語学者、知里真志保《ちりましほ》氏の『アイヌ語入門』によると、アイヌ語には清音・濁音の区別はなく、またサ行音とシャ行音も区別しないということなので、いずれもアイヌ語であることは間違いない。

戸川幸夫氏は『マタギ』のクロスロード選書版（一九八四年、初版は一九六二年）八〇ページで、猫を意味する「チャベ」の語が「現在もこの地方（北秋田市阿仁＝引用者）で使われている」と記している。萱野《かやの》茂氏の『萱野茂のアイヌ語辞典』には、「チャペ　猫」と見えており、これも確実にアイヌ語であろう。前述のようにアイヌ語ではペ音とベ音を区別しない。

さらに、後藤興善氏の『又鬼と山窩』には次のような指摘がある（八一ページ以下）。

マタギの正装をした男性（北秋田市阿仁打当「マタギ資料館」の展示写真より）。眉濃く顔の彫りが深い。縄文人といった風貌である。

〈奥の山言葉にアイヌ語の混じてゐることは注意せられる。ワッカのアイヌ語であることは真澄（江戸後期の旅行家・民俗学者、菅《すが》江真澄《えますみ》のこと＝引用者）が既にいつてゐるが、金田一博士（アイヌ語学者、金田一京助氏のこと＝引用者）によると、日、月をトンピーといふのはアイヌ語のトッピーであり、曲げ物を大小によつてオーガッチョー、コガッチョーといふがカチョーが矢張りアイヌ語である。木をツグイ（秋田ではツクリ）といふが、アイヌ語のチクニの訛音であり、頭をハッキといふが蝦夷《えぞ》語のパッキーである。帯や縄をシナリといふが、結ぶといふ意味のアイヌ語シナから来たと考へられる。大きいといふ形容詞をホロンダといふが、アイヌ語ポローから来た形容動詞であることは明かである〉

右のうち、「アイヌ語のトッピー」とあるのはトンピのことではないか。萱野辞典では、「光」の意となっている。日や月をトンピーということは日本語では解釈がつかず、光を指す語を日、月の隠語に転用しても不自然ではないから、これがアイヌ語由来の可能性は十分にあるといえるだろう。

後藤氏は、曲げ物を意味するカチョーなる山言葉があったとしているが、萱野辞典を見ると、カチョーは「（樺太アイヌが用いる）太鼓」となっている。曲げ物と太鼓には、その構造や外観に重要な共通点があり、これもさして無理のない指摘である。

なお、太田雄治氏の『マタギ』（一九七九年、翠楊社）巻末の「マタギ事典」にもオオガッチョ（ただしオオガツチオと書いている）、コガッチョが見え、それぞれ「飯椀」「汁椀」の義だとしている。ともに木製であったろうから、円形であることを含め曲げ物や太鼓との類似点はある。さらに、この事典にはホロ（沢山の意）、ホロカチョ（大きい器物）が採用されているが、ホロがアイヌ語「ポロ」からきていることは、まず疑いない。ポロは「大きい、多い」を指す言葉である。

チクニについては、萱野辞典では「チクニ　木、薪」となっている。後藤氏は、これが訛ってツグイやツクリになったとしている。おおむね首肯できるように思うが、疑問をもつ人はいるかもしれない。

山言葉のハッキ（頭）とアイヌ語のバッキー（頭）もよく対応している。ただ、アイヌ語の頭は、通常は「パケ」と表記される。

アイヌ語のシナには、後藤氏が言うように「結ぶ」の意があるようである。萱野辞典では「シナ　縛る」「シナシナ　きつく縛る」となっている。これがシナリと変化して帯や縄を指すようになることは、ありえると思う。

ホロンダが「大きい」の意味をもつようになることも、アイヌ語のポロ（大きい、多い）に照らして不自然ではない。

要するに、マタギの山言葉にはアイヌ語由来のものが含まれていると考えて間違いないといえる。これはマタギなる集団の出自を推測するうえで、きわめて重視すべき観察点だと思われる。

4　「マタギ」もアイヌ語ではないか

日本語とアイヌ語とは全く異種の言語であるとする見解に対しては、どの研究者にも異論がないようである。しかし、その使用地域は隣接していたから、お互いに先方の語彙を借用することも当然、予想される。アイヌ語からの借用例は前節で挙げたが、逆にアイヌ語になった日本語も少なくない。次はユーカラ（アイヌ神謡集）「ふくろふの神の自ら歌つた謡」の冒頭の一節である。

〈シロカニペ　ランラン　ピシュカン　コカニペ　ランラン　ピシュカン〉

これは前記、知里真志保氏の姉、知里幸恵《ゆきえ》氏の『アイヌ神謡集』（一九二三年）に収められているものだが、それに彼女は自ら「銀の滴《しずく》降る降るまはりに、金の滴降る降るまはりに」の訳を付けている。ただし、アイヌ語は原著ではローマ字で表記されている。

右のシロカニは銀、コカニは金を指すが、これらは日本語のシロガネ、コガネに由来する外来語である。このような例は、ほかにもすこぶる多いようである。

そうなると、両語で同音同義か、それに近い場合、もともとはどちらの言葉であったのか、はっきりしないことも起こりうる。例えば、小刀を意味する「マキリ」という語が日本語にもアイヌ語にもある。小学館の『日本国語大辞典』は、これをアイヌ語起源としているが、田村すず子氏の『アイヌ語沙流《さる》方言辞典』では日本語からの借用となっている。この言葉は、山口県や愛媛県にも「竹くぎ」と意味が多少ずれながら存在が知られていることから考えて、わたしには田村説が正しいように思える。

次は「マタギ」という語についてである。既述のように、武藤鉄城氏の『秋田マタギ聞書』には「北海道アイヌ、樺太アイヌ及び同島オロッコ土人にもマタギという言葉がある」

マタギたちが、かつて使っていた鉄砲とタテ（槍）。
1986年、岩手県和賀郡西和賀町沢内の碧祥寺博物館で。

と見えている。

萱野辞典には「マタンキ　猟」とあり、アイヌ語には清濁の区別がないことを考えるとマタンギともなるはずだから、その音はマタギにごく近いといえる。また、田村辞典は「マタンキ・ネ・エパイェ」の句を説明して「狩人になる」「またぎ（狩猟）に行く」の意だとしている。さらに、アイヌ文化研究家、更科源蔵氏の『アイヌと日本人』（一九七〇年、日本放送出版協会）には「狩猟《マタギ》が好きで」とか「十七のときから猟師《マタギ》をした」といったアイヌ人からの聞取りが紹介されている。少なくとも、北海道のアイヌ語に狩猟または猟師を意味するマタギないしはマタンギなる言葉があるか、あったことは間違いあるまい。

一方、カラフトについて、武藤氏は

「大阪の山本祐弘《ゆうこう》氏」（建築史家でカラフト文化研究者＝引用者）に手紙を出して次のような返事を得ている。

〈お尋ねの樺太のオロッコも狩猟に出ることを〝マタギに行く〟と申しております。勿論彼等の言葉（このあとに、「では」が脱落か＝引用者）なく、樺太アイヌもマタギといい、日本人もマタギに行くといい慣わしていて、当時〝マタギ〟は普遍化した日本語となっていたようですから、〝オロッコもまた狩猟のことをマタギという〟と学問的に考えるのは当らないと思います〉

右によって当時（山本氏がカラフトにいたのは昭和十年代半ばのことである＝引用者）、カラフトの日本人、アイヌ人、オロッコ人（固有満州民族の一派）たちのあいだに狩猟を意味するマタギなる言葉があったことがわかる。ただし、山本氏はオロッコに関しては、その固有語ではなくアイヌ語か日本語から借用していたと考えていたのである。

いま仮に、マタギが日本語起源だと仮定してみる。そうだとするなら、この言葉は東北地方と新潟県北部でしか採集されていないのだから、その発生地は東北地方のどこかである可能性が高いことになるだろう。

そうして、北へ向かってはどんどん波及していって北海道を横切り、ついにはカラフトに達していたことになる。ところが、南へはせいぜい東北南部と新潟県北部を限りに、そこから先へは伝播した形跡がない。北へは二つの海を越えていったのに、南の陸つづきに全く伝わらなかったことになるのである。これは不自然ではないか。

逆に、アイヌ語起源だとしたら、そのあたりはすっきりと理解できる。のちに詳しく述べるように、東北地方の北部にはアイヌ語に由来することが明らかな地名が豊富に残っている。かつてアイヌ語を使用する集団が居住していたのである。「マタギ」も彼らが用いていた言葉だとすると、東北地方、北海道、カラフトで戦前すでにマタギの語が存在していたことに何の不思議もないといえる。

ただし、この考え方の障害になる事実が少なくとも一つある。四国の一部に狩人を指すマトギなる語があったことである。これは古い時代、中央の日本語に「マタギ」の語があって、それが長い年月がたつあいだに中央では消えてしまったが、東北や四国の山奥のような辺陬《へんすう》に残存した可能性をうかがわせる。だが、「他人のそら似」と考えることもできるので、越えられない障害ではない。

また、「マタギ」が元来は日本語であったとしても、彼らの山言葉にアイヌ語がまじっていた事実に変わりはないのである。

5　根子《ねっこ》再訪

秋田県北秋田市阿仁は奥羽山脈と出羽山地とのあいだ、北流する阿仁川か、その支流に沿って開けた村々を含む地域の総称である。阿仁川に平行して、国道105号と秋田内陸縦貫鉄道が通じている。鉄道駅の一つに笑内駅《おかしない》がある。小さな待合室をそなえただけの無人駅で、駅舎もない。

駅のそばから西へ延びる道がある。その道を五〇〇メートルばかり登ると、車はすれ違えない、狭くて暗いトンネルが現れる。長さは五〇〇メートル余り、対向車がないことを確かめてトンネルを抜けると、その先の眼下に、すこぶる印象的な村落が姿を見せる。

そこはすり鉢状の、さして広くない盆地になっていて、見たところ一〇〇戸近い民家が肩を寄せ合うように密集している。山中深くに孤立していながら、かなり規模が大きいのである。そこが根子《ねっこ》である。

平成二十七年九月、わたしが二九年ぶりに再訪した際、村で会った昭和十一年（一九三六）生まれの女性は、ここから直線距離で六キロほど南東の比立内《ひたちない》から嫁に来たということであった。それは同三十二年十月十八日のことだった。当時、根子へ入る車道はなく、いまのトンネルの上の小道を歩いて越えるしかなかった。彼女は普段着に長靴で、その峠道を越えてきた。その日はたまたま時ならぬ雪で、花嫁衣裳どころではなかったのである。とにかく根子とは、そのようなところである。

しかし、根子の人びとが狭い盆地と周囲の山々にかぎられた暮らしをしていたわけではない。とくに男性は、例えば秋田平野の農民どころか、東京や大阪あたりの普通の勤め人よりも、はるかに広い世間を知っていた。彼らは猟師であるとともに、行商人として日本中を歩き、ときに北はカラフト、西は朝鮮半島、南は台湾まで出かける者が少なくなかったのであ

北秋田市阿仁根子に残る魚形文刻石（鮭石）と、その表面に刻まれた魚の絵。

る。商品は熊の胆《い》や脂《あぶら》、猿の内臓、頭部の黒焼きなどの薬類と、さまざまな動物の毛皮を主としていた。

次は、わたしが前回の取材の折り、阿仁からは大覚野峠を南へ越えた現仙北市西木町上桧木内戸沢地区に住んでいた門脇宇一郎さん（一九〇九年生まれ）からうかがった話である。

「わたしの親父《おやじ》もマタギだったので、わたしは小学校五年ごろから鉄砲を撃っていました。このあたりでは、昭和四年（一九二九）から炭焼きが始まりましたが、それまではマタギ以外の仕事はありませんでした。それで冬は猟をし、夏は行商に出ていました。わたしは熊の胆や脂、いろんな動物の毛皮を持って大阪あたりまで売りに行ったもんです。おじの寛一郎なんかカラフトや朝鮮まで足を延ばしていましたよ。そんなわけで、ここら辺の人は金もあって、生活は下より進んでいましたね。わたしらが子供のころ、角館《かくのだて》あたりの家はほとんどが板敷きでしたが、ここでは畳を入れた家がいくらもありました」

門脇さんには、やや強い秋田訛りがあって、わたしには銀ギツネが「グングツネ」のように聞こえ、初めはその意味がとれず、メモ帳に文字を書いてもらったものだった。右は東京方言風に改めてある。ともあれ、ある時代までのマタギの暮らしは右のようなものであり、それは根子でも変わることはなかった。

根子には、きわめて古くから人が住んでいた。証拠の一つは、いまは廃校になった根子小学校の敷地に保存されている「魚形文刻石《ぎょけいもんこくせき》」である。それは通称を「鮭石《さけいし》」ともいい、高さ一・五メートルほどの自然石の表面に大小一〇匹ばかりの魚の絵というか模様が陰刻されている。もとは、ここから二五〇メートルくらい南西、字館下段《たてしただん》の佐藤家にあったものだが、現在地へ移されてトタン葺きの覆い屋に納められたのである。

鮭石は、ほかにも秋田県由利本荘市矢島町七日町字羽坂と同県湯沢市秋ノ宮字山居野《さんきょの》でも見つかっており、これら三個は県の有形文化財に指定されている。右以外でも、矢島町内にさらに六個ほどあるようである。いずれも、そばから縄文時代中期の遺物が出土していて、いまから五〇〇〇年ばかり前の製作ではないかと推定されている。このような内陸部にいた魚となると、まずサケやサケ科のイワナあたりが該当するところから、「鮭石」の通称が生まれたのであろう。模様は古代人が、その豊漁を祈願して刻んだものらしい。

右によって、縄文人が根子で生活していたことがはっきりする。彼らは、その後もここに住みつづけたのだろうか。これを肯定あるいは否定する証拠はない。ただ、その可能性が全くないとはいえないと思う。縄文人は狩猟・漁撈・採集の民であった。そうして、この一帯には二〇世紀になるまで、そのような生き方をする人びとがいたのである。農業技術が進歩した今日ならまだしも、ほんの一世紀ほど前まで農業中心の暮らしは難しかったのである。つまり、長年にわたって農業社会の出現が阻まれてきたといえる。

根子を含む阿仁、仙北地方には至るところにアイヌ語に由来する地名が残っている。過去のいつの時代かに、アイヌ語を使用する集団が住んでいたのである。このあたりのマタギの山言葉にアイヌ語がまじっているのも、その結果にほかなるまい。

6 「ナイ」と「ベツ」

根子集落は、国土地理院発行の五万分の一地形図では「阿《あ》仁《に》合《あい》」の部の中央より、やや右上に載っている。いま、この地図から「何々ナイ」の付く地名をひろってみることにしたい。なお、五万分の一の地図一枚は東西が二一キロ、南北が一八キロくらいである。

笑内《おかしない》、比《ひ》立内《たちない》、比立内川、鍰内《からみない》沢、志《し》渕内《ぶちない》沢、湯口内沢、万内森（以上、北秋田市阿仁）、比内沢、堀内《ほりない》沢、小堀内沢、灰内沢、浮内《うきない》沢、左内岳（以上、北秋田郡上小《かみこ》阿仁《あに》村）、臼内沢（南秋田郡五《ご》城目《じょうめ》町）の一四を数えることができる。ほかにも近隣には同様の地名がやたらにあるが、これからの考察を進めるうえでは「阿仁合」の部だけで十分であろう。

一見して気づくのは、川や沢にその名が多いことである。これについて、前にもちょっと名前を出した江戸後期の大旅行家で民俗学者の菅江真澄（一七五四―一八二九年）は、文化二年（一八〇五）に阿仁のあたりを歩いた折りの紀行文「みかべの鎧《よろひ》」で「何ない、かないてふ（何々ナイというの意＝引用者）内《ない》はもと沢《ない》てふことをいふ蝦夷《えぞ》の辞《ことば》」であると述べている。真澄は北海道に滞在したこともあって、アイヌ語の知識があった。

東北地方北部に散見される地名の「ナイ」がアイヌ語に由来することについては、その後の研究者のあいだにも異論がない。知里真志保氏の『地名アイヌ語小辞典』は「nay」の語に次のような長い説明を与えている。

〈なィ　川、谷川、沢。アイヌ語に川を表わす語が二つある。petとnayと。北海道の南西部ではpetを普通に川の意に用い、nayは谷間を流れて来る小さな川の意に限定している。カラフトではnayが普通に川の意を表わし、petは特に小さな川を表わすと云うが、地名にはめったに現われて来ない。ただし、古謡ではpetを普通に使う。北海道の北東部網走や宗谷などでも地名ではnayの方を普通に用い、petは山中の小さな支流に稀につけている位のものである。北千島では全然nayが無い。尚この二つの内petは本来のアイヌ語で、nayの方は外来らしい。川を古朝鮮語でナリ、或は現代語方言でナイといっているのと関係があるのかもしれない〉

北秋田市阿仁笑内（おかしない）集落の入り口。
北海道爾志郡乙部町にも可笑内（おかしない）の地名がある。

右の冒頭でnayの日本語表記が「ない」となっているのは、平仮名でアクセントがそこにあることを示し、片仮名のイが小さく表されているのは重母音の副音を子音とみなしたためだという。ローマ字表記の語末を「i」ではなく「y」としているのも、同じ理由による。

しかし、日本人の耳でナィとナイとを聞き分けるのは難しく、またアクセントの位置はいま問題にする必要はないので、本書ではナイと書くことにしたい。

ナイの付いた地名は北海道にも稚内、歌志《うたし》内《ない》、静内《しずない》、岩内、木《き》古《こ》内《ない》……など、いくらでもある。漢字で表記する場合には、まず例外なく「内」を用いている。もっと小さい地域を指すナイ地名もたくさんあって、アイヌ語を母語とする人びとも、それが川や沢を意味することを知っていた。また、そう解釈して実際と矛盾しないことから考えて、北海道はもちろん、先に挙げた「阿仁合」に見えるナイ地名がアイヌ語に由来することは疑いあるまい。

一方、知里辞典に出ているpetについてだが、その項の片仮名表記では「ペッ」となっている。これ単独で発音するときは、最後の「t」は音としては発せられないということであろう。しかし、次に母音で始まる語が来ると、隠れていたt音が現れる。例えば、ota（砂、砂浜）がつづくと、ペッ・オタではなくペトタとなる。このように語末の子音を呑み込んで発しない単語が存在する例は朝鮮語にもあるし、東南アジアの言語にもあるらしい。

ところが日本語は、すべての音節が母音で終わる典型的な開音節系の言語である。つまり、子音で終わる外来語を受け入れる際には、もとの言葉にはない母音を付加することになる。そうしないと、日本人には発音できなかったのである。例えば、英語で愛玩動物を指すpetを、日本人は通例pettoと語末に母音を加えて発音している。朝鮮半島には「朴」の姓が非常に多い。これを朝鮮語風に発音するとき、しばしばpakuとなる。朝鮮語のローマ字表記ではpakだが、その実際は「パッ」のように聞こえる。それが日本語では「パク」になってしまうのである。

アイヌ語は既述のように、清音と濁音の区別がないから「ペッ」は「べッ」でもよい。しかし、これが日本語に移入されると、あとに何らかの母音が付くことになる。ほとんどの場合、日本人はそれを「ベツ」と聞き、そう表記したようである。北海道の至るところに見られる紋別、遠別、津別、音別、芦別、登別、喜茂別《きもべつ》……などの「ベツ」地名が、それを裏づ

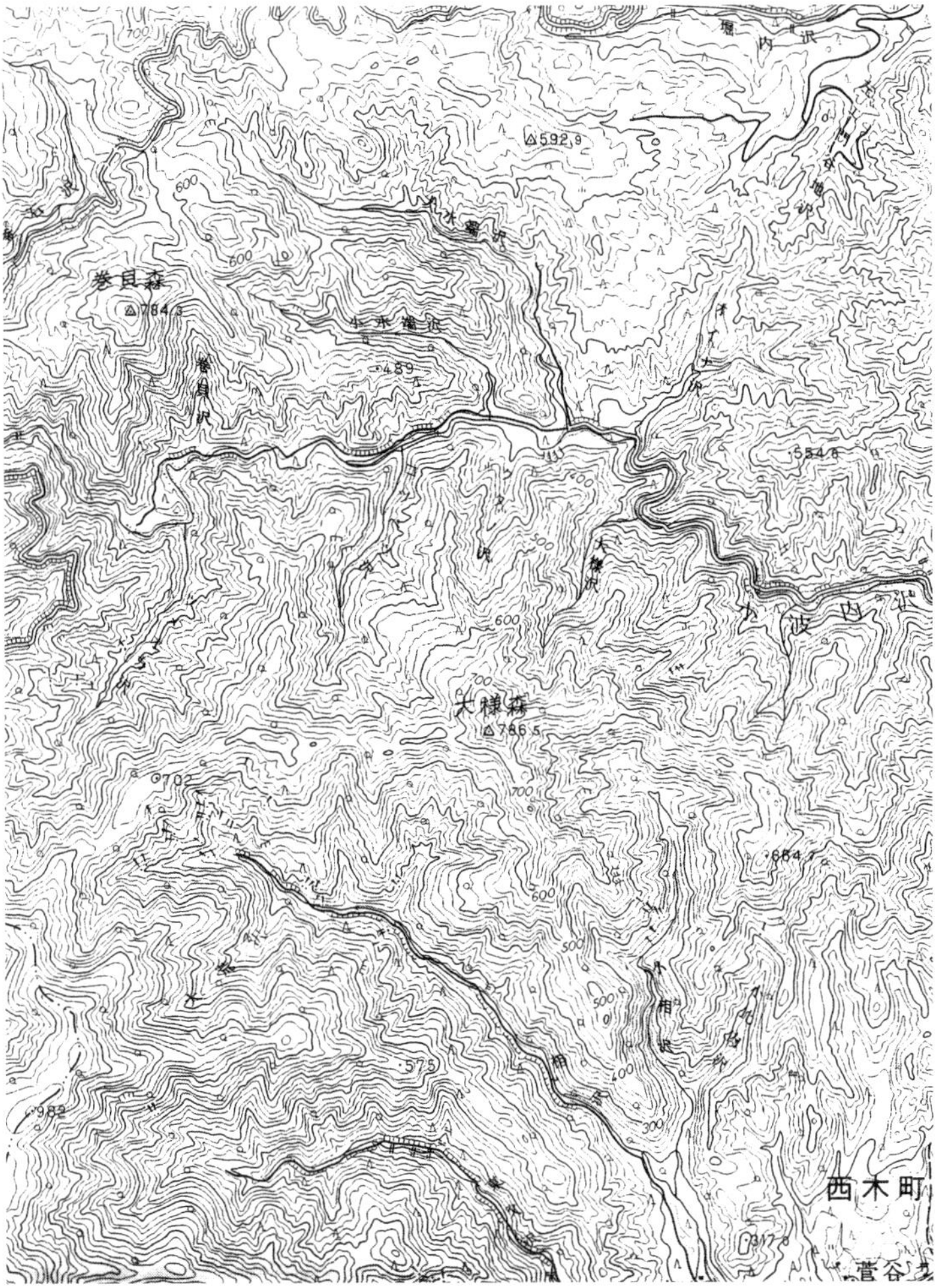

5万分の1地図「田沢湖」に見える秋田県仙北市小波内沢と支流のコツベツ沢。
小波内沢は桧木内沢の支流である。

けている。

　ベツ地名は東北地方北部にも珍しくない。五万分の一「阿仁合」には見当たらないが、南東隣の「田沢湖」にはコッベツ沢がある。仙北市西木町桧木内を流れる小波内《おなみない》沢の支流の名である。

　もう一つ例を挙げれば、岩手県の「葛巻《くずまき》」の部に宇別と馬淵が見える。後者は馬淵川沿いの集落名になっている。右の馬淵はマベチと読む。このベチはアイヌ語のペッ（ベッ）に由来するとの説があり、わたしも同意見である。ちなみに知里辞典では、ペッの第三人称形はペチだということである。繰り返しになるがベチでも同じことだから、これだと全く同音になる。

7　ナイとベツとの違いと分布

　知里真志保氏が、ナイを外来語らしいとし、朝鮮語との関係を想定していることは、わたしには不審である。

　大阪外国語大学朝鮮語研究室編『朝鮮語大辞典』（一九八六年、角川書店）によると、たしかに「川」を意味する「ᄂᆞ리」（ナリ）の古語はあった。これが、のちナイに変化したことも事実のようである。現代語でも川を指す「ᄂᆡ」（日本語のネまたはナェにやや近い音）の語があるという。つまり、知里氏の朝鮮語についての指摘は大きくは誤っていない。

　しかし、この言葉が、どこを通ってはるばる日本の北辺にたどり着いたというのだろうか。

常識的には半島から、まず九州北部か山陰あたりに渡来し、そのあと列島を東ないし北へ進んだはずである。そうだとするなら、途中の関東以西にもナイ地名が残っていなければならないのに、全く見つからない。

もう一つの可能性は、現在の中国東北地方（旧満州）およびロシア沿海地方を経由するルートである。それを否定する根拠をわたしは示すことができないが、このようなことは説を提起する側に立証責任がある。

もし、「川」のような基本語彙が、どこかから移入された外来語だとするなら、ほかにも同じ言語からの借用語がもっとたくさんなければならない。そのような例を少なくとも五つから一〇くらい挙げて初めて、あるいはそうかもしれないとなるはずである。だがアイヌ語と朝鮮語とのあいだで、それができるかどうか。

『秋田マタギ聞書』の著者、武藤鉄城氏はマタギなる語の語源に触れて「印度の屠殺業者として卑められた賤民マータンガ（男）、マータンギ（女）の名称から出ているのではないかと思う」と述べている。これは、特定の言葉だけが空でも飛んできたかのような指摘ではないだろうか。先のアイヌ語ナイと朝鮮語の古語ナリとの類似同様、偶然の一致にすぎないように、わたしには思える。

ナイとペッ（ベツ）との北海道周辺における分布には、いくぶんかの地域的かたよりが見られるようである。初期のアイヌ語地名研究者、永田方正氏の『北海道蝦夷《えぞ》語地名解』（一八九一年）に現れる総数六〇五四の地名を分析したアイヌ語地名学者、山田秀三氏は『アイヌ語地名の研究』（一九八二年〜、草風館）で、サハリンと北海道北西部はナイ型、千島と北海道東南岸地方がペッ型の傾向を示すとしている。

日本語のサワ（沢）とタニ（谷）は同じような地形を指す言葉だが、前者は東日本に後者は西日本に偏在している。ほんの一例を挙げると、既述の五万分の一「阿仁合」には何々沢がいくらでもあるのに、谷が付いた流れは一つもない。一方、高知県の「伊野」の部には谷が四〇ヵ所近くありながら、沢は皆無である。ほぼ同義で別音の語が、地域を分けて存在する例にかぞえることができる。

先の山田秀三氏は、東北地方のアイヌ語地名についても実証的な研究を残している。氏は『東北・アイヌ語地名の研究』（一九九三年、草風館）などで次のように記している。

〈東北地方を南下して来ると、東は仙台のすぐ北の平野の辺、西は秋田山形県境の辺から北にはむやみにあったアイヌ語型のナイのつく地名が、それから南では突然全く希薄になる。またそれとペッ、ウシ等が混在している姿も全然見えなくなる。

何でもない地続きの処なのであるが、そこがアイヌ語地名の濃い地帯の南限線なのであった〉

右のうちナイとペッについては、すでに説明した。ウシは、山田氏によると、「多くあるもの、いつも何々するもの、ついているもの等の意」であり、これが付いた地名は北海道のアイヌ語地名中、全体の一割強を占めるという。ちなみに、ペッもやはり一割強にのぼり、ナイはさらに多く「アイヌ語地名が四つか五つあればその一つはナイである」と述べている。要するに、北海道のアイヌ語地名の半分近くにナイ、ペッ、ウシのいずれかが付いているのであろう。氏は主にこの三語を指標として、東北地方の「アイヌ語地名濃厚地帯の南限線」を引いたのである。

　これによって、東北地方の北部（南限線の北側）に、かつてアイヌ語を使用する人びとが居住していたことは確実だといえる。一方、南側については、はっきりしたことはわからない。南側にもアイヌ語に由来するかのような地名は、たしかに存在する。山田氏も、それとおぼしき地名をいくつか挙げて、アイヌ語による解釈を試みている。同氏の指摘はきわめて慎重で、また実証にもとづいており、だいたいは考慮に値するように思える。しかし、いずれも孤立して現れ、偶然の一致の可能性は残るのではないか。

　要するに、いまのところ南側にもアイヌ語地名があったのかどうか確定するのは難しい、としておくのが無難のようである。

8　エミシとアイヌは同一の民族か

『日本書紀』（七二〇年成立）の斉明天皇紀には蝦夷《えみし》関連の記事が多く、一一ヵ所にのぼっている。その五年（六五九）七月条に、遣唐使が当時の唐の皇帝（高宗）に「道奥《みちのく》（のちの陸奥）の蝦夷男女二人を以《ゐ》て、示《み》せたてまつる」と見えている。この謁見のことは、中国側の文献『通典』(八〇一年成立)にも出ているといい、確実な史実だとみなせる。
高宗は蝦夷に強い関心を覚えたらしく、同行の使者にあれこれと質問を発している。それに対する答が『日本書紀』にあり、現代語になおして個条書きすると次のようになる。
• 蝦夷の国は東北の方角にある。
• 蝦夷には三種類あり、遠い方から都加留《つかる》(現在の青森県津軽地方)、麁蝦夷《あらえみし》、熟蝦夷《にぎえみし》と呼んでいる。
• ここにいるのは熟蝦夷で毎年、わが国の朝廷に入貢をしている。
• 蝦夷の国に五穀はない。彼らは肉を食って生活している。
• 蝦夷の国に「屋舎」はなく、「深山の中の樹の本」で暮らしている。
高宗は答を聞いたあと「朕《われ》、蝦夷の身面《むくろかほ》の異《け》なるを見て、極理《きはま》りて喜び怪む」と述べ、再び会うことを望み、その年の十一月一日にまた蝦夷を見ている。
これによって、遣唐使が連れていった蝦夷は、畿内あたりの日本人や漢民族とは外見が著しく異なっていたらしいことがわかる。『通典』には、簡単ながら「鬚《あごひげ》、長さ四尺」とも記されているといい、先の使者の答と合わせ考えると、二人がアイヌ民族であった可能性はきわめて高そうである。
『日本書紀』にはこれより前、例えば第一二代の景行天皇の時代に皇子日本武命《やまとたけるのみこと》を遣わして蝦夷を討たせた記事も見える。しかし、景行もヤマトタケルも実在が疑わしく、ことに『日本書紀』が記すとおりの年代(一―二世紀ごろになる)に蝦夷征討があったことなど全

秋田県大仙市払田（ほった）の払田柵跡。801年ごろの造営と推定されるが、文献には見えない。

く考えられない。高橋崇氏の『蝦夷』（一九八六年、中公新書）によると、大和政権の東北地方への進出は古墳の分布などからみて四世紀以降のようである。

そうして大化三年（六四七）には渟足《ぬたり》柵（新潟市信濃川の河口あたり）、同四年には磐舟柵（新潟県村上市のあたり）、斉明天皇四年（六五八）には都岐沙羅《つきさら》柵（新潟・山形県境あたり）を設け、「蝦夷に備ふ」（『日本書紀』大化四年条）ことにしたのである。これは当時、日本海側では、新潟県の北部が和人と蝦夷との接点になっていたことをうかがわせる。

その後、対蝦夷の城柵《じょうさく》は少しずつ北上していき、九世紀初頭には秋田市と岩手県盛岡市を結ぶ線の辺にまで達している。しかし、大和政権の北方進出は、ここでぱたりと止まってしまう。律令国家の衰退がはっきりと始まり、もはや国力を傾けるほどの遠征は不可能となったのである。
古代の史書に初めはもっぱら「蝦夷《えみし》」、のちには「俘囚《ふしゅう》」「夷俘《いふ》」とも書かれている人びとが、そのままアイヌ民族であったとは断言できない。彼らの体質的特徴がアイヌ民族と同じか、あるいはほぼ同じであったか否か、アイヌ語を話していたのかどうかも、結局、文献からはわからないのである。ただ、唐の高宗が蝦夷を見たときの『日本書紀』の記事や、いまなお東北地方北部にアイヌ語地名が豊富に残っていることなどから判断して、いわゆる蝦夷の中にアイヌ民族が含まれていたことは疑いない。

九世紀の初頭、大和政権が、それまで以上の北上を断念したあと、おおむね秋田市と盛岡市を結ぶ線より北は、なおしばらくアイヌの天地でありつづけたろう。青森県の北部などには、江戸時代になってもアイヌの集落があちこちに残っていた。それを裏づける文献は少なくない。例えば、享保十六年（一七三一）に成立した弘前藩の官撰史書『津軽一統志』には、領内の松ヶ崎、砂ヶ森、小泊《こどまり》、宇鉄《うてつ》、釜野沢、六条間《ろくじょうま》など合わせて一三村に四二戸のアイヌ人が住んでいたことを記録している。また、青森県立郷土館所蔵の『陸奥国津軽郡之絵図』（一六四五年）にも津軽半島に二ヵ所、夏泊《なつどまり》半島に三ヵ所のアイヌ集落の表記があるという。右は弘前藩領についてだが、かつては盛岡藩領だった下北半島にもアイヌがいたことが同藩の『雑書』寛文五年（一六六五）条などに見えている。

それどころか、前記『東北・アイヌ語地名の研究』には、青森市三内《さんない》に触れて「たぶんそこがアイヌ語時代のコタン（部落）で、そこに和人が入って来て集落になったものらしい。

三内には後々までアイヌが住んでいたことを古い人は知っておられる」と述べられているのである。著者の山田秀三氏がここで取材をしたのは第二次大戦後のことであり、そのころになっても年配者の中には三内のどこかにアイヌ人がいたことをおぼえている人が生存していたのであろう。ちなみに三内は、日本最大の縄文集落跡が残る三内丸山遺跡の所在地である。

右のような事情があった以上、東北地方北部にアイヌ語地名が現存するのは、むしろ当然だといえる。そうして興味ぶかいことは、山田氏が指摘する「アイヌ語地名濃厚地帯」の南限線が、大和政権によって設けられた城柵の北限（おおむね秋田市の秋田城と盛岡市の志波《しわ》城を結ぶ線）より、もっと南に引かれていることである。つまり、そのあいだの中間地帯は、はやく九世紀初頭までには大和側の支配下に組み込まれたかのように史書には見えるが、とくに山間部は相変わらずアイヌの世界のままであったことを示しているように思える。

9　縄文人について

アフリカで誕生した人類が日本列島にたどり着いた時期については、いまから二五万年―一〇万年前と、五万年前よりあとの二つの可能性が考えられている。そうして、いずれであれ一万五〇〇〇年前ごろから縄文時代が始まる。その終期すなわち、次の弥生時代の始期は研究者によって、かなり大きな差があるが、ここでは二八〇〇年ほど前とする見解にしたがっておきたい。それが前後に何百年か動いたとしても、以下の考察にはほとんど影響がない。

縄文人は形質人類学的には、周辺の東アジアの人間には全く類を見ない特徴をもっていた。

頭が大きく、顔は高さが低く横幅が広い。眉間が前に張り出し、その下の鼻筋は通っていた。つまり、立体的で彫りが深い顔立ちであった。このような特徴は、今日のアイヌ人や琉球人（南西諸島の住民）と共通していることは周知のとおりである。縄文人は骨しか残っていないので体毛の濃淡はわからないが、アイヌも琉球人も体毛の濃いことで知られている。これも東アジアの人間との著しい違いである。列島にだけ、このような人種が見られることは内外の学者たちからも不思議がられ、「人種の孤島」と表現した人もいた。

そんなことで、かつてアイヌなどはヨーロッパ人種に近いと考えられた場合もあった。しかし、近年の主に遺伝学的な研究で双方に目立った近縁性はなく、縄文人、アイヌ、琉球人ともモンゴロイドの一派であるとの見解がほぼ定着しているようである。といっても、朝鮮人や中国人（漢民族）との形質的差異は大きく、モンゴロイドといっても新旧二つのタイプがあり、列島の特異な形質の人間集団は古モンゴロイドと呼ばれたりする。

一方、弥生人は面長で、のっぺりした顔立ちを特徴としており、それはアイヌと琉球人を除く現在の日本人および朝鮮、中国人に近い。外観だけでなく、農耕を主にした暮らしや文化の型の点でも弥生以後の列島の人間と、大陸の人間とのあいだには共通点が目立つ。このことから、縄文時代の末期に大陸からかなりまとまった人間が列島へ渡来してきて、先住の縄文人に取って代わったと考えられている。その際、北九州や畿内を中心とする地域ほど弥生化＝半島・大陸化が進み、もとの縄文人の集団は列島の北端部と南端部にのみ残存したとする説が有力である。

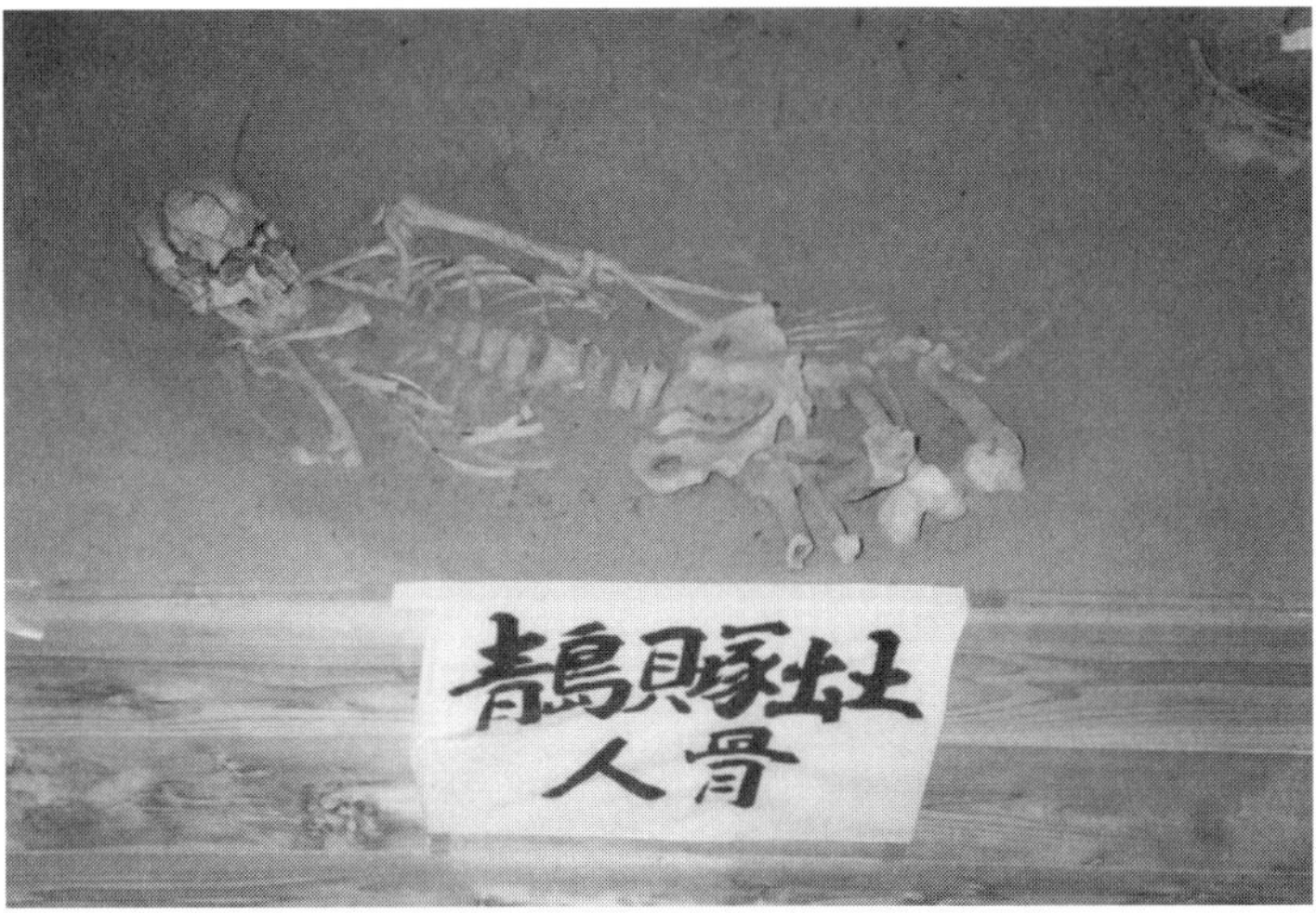

宮城県登米市南方町の青島貝塚から出土した縄文時代の屈葬人骨
（2009年、南方歴史民俗資料館で）。

ともあれ、それ以前の列島は縄文人たちの世界であった。そうして、今日のアイヌは縄文人の後裔であり、だから縄文人はアイヌ語を話していたと無前提に考える人は明治のころから少なくなかった。そうだとするなら、西日本を含めてアイヌ語の地名が今日に残っていたとしても不自然ではないことになる。これが、ちょっと意味不明の地名があると、アイヌ語での解釈を試みさせる理由であろう。

しかし、縄文人が人種的にほぼ均一であったとしても、列島の北から南にかけて同系統の言語を用いていたとはかぎらない。アイヌはアイヌ語を使っていたろう。だが、南端の琉球人は知られているかぎりの昔から、いまの日本語と同一の言語を母語にしていたと思われるのである。ただし、研究者によってはマラヨ・

ポリネシア語族（フィリピン、マレーシア、インドネシア語など）との関連を指摘する人もいる。いずれにしろ、アイヌ語ではない。

縄文時代の前の旧石器時代人が、日本へ渡ってきたルートは三つあったと考えられる。

・南西諸島を島伝いに北上
・朝鮮海峡を経由
・カラフトから南下

である。縄文時代が始まるまでは寒冷期に当たっており、海面は現在より一〇〇メートルばかりも低く、渡来はずっと容易であった。

この三方面から日本へやってきた人びとは、いずれも古モンゴロイドに属していたろう。すなわち、人種的には同一といえた。しかし、その前にそれぞれの経由地で暮らしているあいだに別々の言語を用いはじめていた可能性は十分にある。

もし、これが当たっているとすれば、山田氏がいう南限線は、関東地方やあるいは、もっと西の地域から少しずつ東へ、北へ後退した結果ではなく、せいぜい東北南部や新潟県北部から、いくぶんか北上しただけのことかもしれない。つまり、北方の縄文人の世界は、もとから東北以北にかぎられており、アイヌ語が話されていたのも、その範囲であったことも考えられる。その場合には、西方の縄文人は全く違う言語、おそらく今日の日本語と同系統の言葉を使っていたことになるのではないか。この見方の当否は結局、地名の精密な分析によってしか判断できないと思われる。それを試みた人は、まだいないようである。

第三章　断崖の漁村「御《み》火《ほの》浦《うら》」略史

1　初夏の嵐

その日——平成二十六年六月十二日——の兵庫県北部、但馬海岸一帯は大荒れの天気であった。それでも午前中は土砂降りの空の一角からふいに太陽が顔をのぞかせたかと思うと、やがて雨がやんでしばらくまぶしい日差しが照りつけ、そのあとまた激しい雨になるといったことを繰り返していた。しかし、わたしが午後、国道１７８号（但馬浜街道）を北へそれ、日本海を見下ろす崖の上に来たときには烈風にあおられた横なぐりの雨が小やみなく降りつづくようになっていた。

眼下の狭い谷間に小さな漁村が見える。わたしが訪ねようとしていた兵庫県美方《みかた》郡新温泉町三尾《みお》である。資料には「陸の孤島」の決まり文句を冠して紹介されることが多いこの村は、昭和二十七年（一九五二）に手掘りの三尾トンネルが抜かれるまで、たしかにそのとおりの土地であった。最寄りの村は、南へ直線距離で一・五キロほどの山村、赤崎だが、かつては踏み跡のような山越え道が通じているだけであり、その途中の小字を「高鉢《たかばち》ナガレ」といった。飯椀のような急斜面ゆえに付いた地名に違いない。三尾は東、南、西側とも険しい山腹に囲まれ、その裾は断崖になって日本海へ落ちている。北は「山」の字の真ん中の棒を除いた形の小さな湾になっており、その左右すなわち東西の隅に人家が密集している。東が大三尾、西が小三尾である。

二つの集落は三〇〇メートルくらい離れていて、わたしがその中間の崖の上に来たとき風雨はますます激しくなっていた。乗っていた軽自動車は海風を受けてぐらぐらと揺れ、これ以上の運転は危険に思えた。これでは、どちらの集落を訪ねたところで外に出ている人などいそうにない。わたしは湾口に浮かぶ大島のことが知りたくて来たのだが、あらかじめだれかに会う約束があったわけではない。そこら辺で見かけた住民に話を聞くつもりだった。しかし、この天気では、どうにもならない。わたしは路肩に車を停め、どうしたものかと考えながら雨の幕を通して真向かいの大島をぼんやり眺めていた。

そのとき前方から軽トラックが現れ、わたしの車の横で停まった。七〇代の後半くらいらしい男性が乗っていた。男性は運転席の窓ガラスを少し開けて、

「だれかの家でも探してるんですか」

と訊いた。わたしは、そうではない、この村と大島を見たくて来たんですが、あいにくの土砂降りで、と答えた。わたしの車には千葉県のナンバーが付いている。それと、わたしの返事のせいで、遠くから何かを調べに来たと思ったのであろう、男性は吹きつける風雨をつ

道路から大三尾を見下ろす。港は狭く、背後は急傾斜の山腹になっている。

いて、わたしの車の助手席へ入ってきてくれた。

聞取りというのは何によらず、一方的に相手の恵与を乞う行為である。相手が話をしてくれるつもりがあっても、暑さ寒さや時間の長さ、仕事中であれば手を止めさせることなどに、いつも気をくばっていなければならない。ましてや、この天気である。わたしは、ここでの聞取りをあきらめかけていた。そこへ向こうから話をしにきてくれたことになる。

男性は、のちに知ったことだが向根徳《むかいねとく》郎《ろう》さんといい、昭和十一年（一九三六）の生まれであった。つまり、このとき七七歳だったことになる。もとからの土地の人間であり、年齢と合わせて聞取りをするには申しぶんのない人だったといえる。わたしは小一時間にわたって話を聞くことができた。話題は多岐に及んだが、とくに印象に残ったのは日本海に面し、見たかぎりでは耕地と呼べるようなところなどほとんどないこの村の住民が、必ずしも漁業一辺倒で生きてきたわけではないらしいことであった。

三尾のような地形の漁村では、海稼ぎは簡単ではない。港が狭くて舟を大型化できないから、漁業は地先にかぎられる。同じ理由で大型の商船も接岸できず、寄港地としての発展も望めない。いきおい湾内や、そのまわりでの磯漁に頼らざるを得なかったが、冬場は海が荒れるうえ雪もかなり降る。決して漁村としての条件に恵まれていた方ではなかったのである。

ところが、幕末の記録によると、天保四年（一八三三）から七年にかけての全国的な飢饉、いわゆる天保飢饉のとき、三尾の餓死者はこの地方の農村地帯よりむしろ少なかったことが知られている。また、三尾は昔から長命の村とされていたが、元禄年間（一六八八―一七〇四年）における村人の死亡年齢を見ると、八〇代の人がかなりあり、長寿者が多かったことは事実のようである。

向根さんの話や資料によって右のようなことを知り、わたしは三尾のことをもう少し調べてみたくなったのだった。

2　名勝「御火浦」と三尾

三尾にいつごろから人が住んでいたのか、はっきりしたことはわからない。

この一帯の主邑《しゆゆう》、浜坂の市街に近い新温泉町清富《きよとみ》の相応峰《そうおうぶ》寺に残る過去帳の永禄四年（一五六一）分に「大三尾村ノ太郎衛門」「三尾村ノ又左衛門」などと見えているので、このころまでにはまとまった村落が形成されていたことは間違いない。

一方、三尾の南西三キロばかりの田井には、六世紀半ばの築造と推定される径およそ一五メートルの円墳「二方古墳《ふたかた》」があり、また一〇世紀成立の『延喜式』神名帳に名が載る二方神社があった（現在は耕地整理で南西隣の指杭《さしくい》へ遷されている）。少なくとも、田井はきわめて古くから開けた土地であったことがわかる。それはあくまで田井についての話だが、ここも集落の中心は日本海から三〇〇メートルくらいしか離れておらず、古い時代には漁業に依存する住民がかなりあったと思われ、また山に囲まれた地形も三尾に似ている。そうだとするなら、確実な証拠はないものの三尾の立村も相当古くまでさかのぼれるのではないか。

三尾の前面の海岸は但馬《たじま》御火浦《みほのうら》と呼ばれ、昭和九年（一九三四）に国の名勝・天然記念物に指定されている。指定は東の香美町香住区の伊笹岬から西の新温泉町の鬼門崎まで七・五キロに及び、その間に釣鐘洞門、十字洞門、地獄極楽洞門、鋸《のこぎり》岬、三尾ノ松島、下荒《したあら》洞門、三尾大島、通天洞門などの景勝地が点在している。

「ミホ」の名が付く名勝として、ここより知られた場所が少なくとも二つある。富士山を望む白砂青松の三保の松原（静岡市清水区三保）と、美保神社や「関の五本松」の美保関《みほのせき》（島根県松江市美保関町）である。いずれのミホも、元来は岬を指す美称であったらしい。前者の場合、いまではとくに内湾側で埋め立てが進んでいるが、もとは清水港を包み込むように北東へ突き出した砂嘴《さし》であり、その外側の防風林を「三保の松原」と呼んでいたのである。

後者は島根半島の東端あたりを指し、中世に海上交通の関所が置かれたため「関」の語が付けられるようになった。しかし、もともとは半島の最先端、地蔵埼を「美《み》保埼《ほのさき》」と称していたのだった。

ミホのホは、おそらく稲の穂や槍の穂、筆の穂などのホと同語源の言葉で、「尖ったもの」「突き出したもの」の意であろう。海岸部なら岬の義になる。ミは御心《みこころ》、御仏《みほとけ》、御宝《みたから》などのミで、尊敬を表す接頭語である。海民は、しばしば岬を神聖視していた。そこが神の世界（海）と人間の世界（陸）との境界であると意識されていたからだと思う。そもそも岬も「御先《みさき》」を原義としている。すなわち、ミホと同趣旨の地形語であった。

御火浦のミホもこれであり、もともとは三尾の一・五キロほど東で北へ突き出した鋸崎を指していたと思われる。それは長さ五〇〇メートル、最大幅一〇〇メートル、高さ三〇メートルばかりの細長い岬で、頂上部が鋸のようにぎざぎざになっているところから、いまでは「鋸崎」の名で呼んでいる。しかし、この名はたぶん、さして古いものではなく、古代にはミホといっていたに違いない。ここはすこぶる目立つ場所で、また異形の印象を与えていたため、この辺の日本海を海民が行き来しはじめたころから、彼らの注意を惹くとともに信仰の対象にもなっていたろう。

三尾は、そのミホに近い唯一の村落であり、いつのころかに岬の名がここへ移ったとみられる。ハ行の音がワ行の音に転訛することをハ行転呼といい、日本語に広く見られる音韻法則の一つである。静岡市清水区のミホも、島根県松江市のミホも、実際にはしばしばミオ

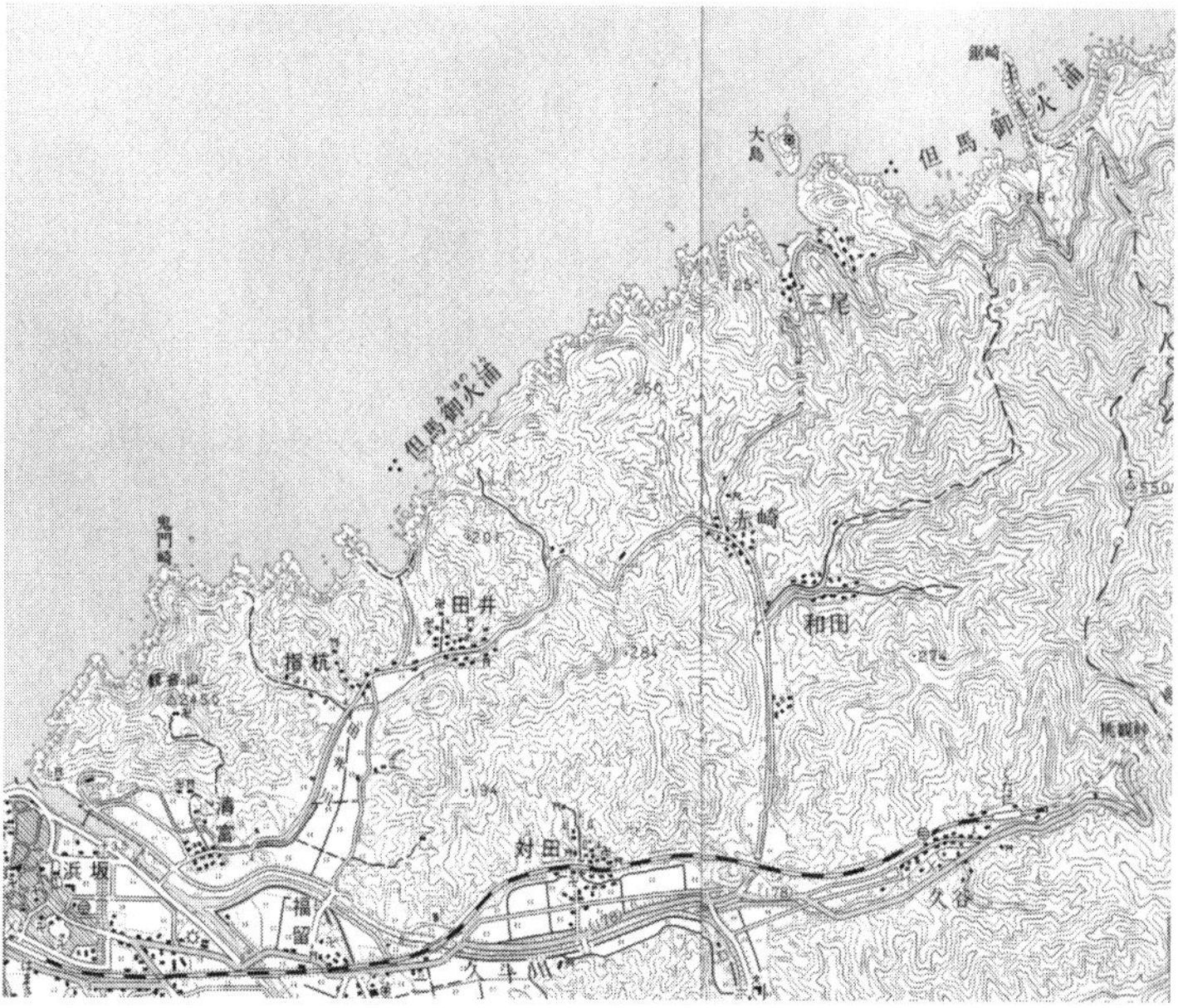

兵庫県の北西端、但馬御火浦あたりの地形図。国土地理院５万分の１図「浜坂」「香住」より。

（ヲ）と発音されている。三尾もこれであることは、まず疑いない。「御火」は、もちろん当て字である。

三尾は、立村当時から漁業を最重要の稼ぎとしていたろう。しかし、農業もそれとほとんど同時に始めていたのではないか。漁業は食料の入手方法としては不安定であり、また来る日も来る日も海産物だけを食べて過ごすのも難儀なことである。事実、幕末には相応の田畑があった。文政十三年（一八三〇）の大洪水の際、村が幕府の代官に出した嘆願書によると、三町余りの田畑が地内にあったことがわかる。一町は三〇〇〇坪、当時の戸数は六三だったから、一戸平均一五〇坪くらいにすぎない。平地農村の常識からすれば、農地というより宅地の面積だろうが、海蝕断崖の切れ目に位置する漁村としては、かけがえのない食料供給源だったはずである。

右の耕地のうち、水田は一町余りであった。その大半は鋸崎の付け根に開かれていたらしい。ここは三尾地内ではほとんど唯一の、ややまとまった緩傾斜地であり、南側の山腹からささやかな谷川が日本海へ向けて流れ落ちていた。しかし、村からは直線距離でも一・五キロも離れていて、いまでこそ車でも行けるが、ほんの何十年か前までは道といえるほどのものはなかった。ほかに、もっと小規模な水田も古くからあったようである。向根徳郎さんは、

「山腹に水さえあれば、必ず田んぼができていました。石垣を積んで作るんですよ。そこへ行くときは舟を使うことも少なくありませんでした。もちろん畑も小さいのがあちこちにあって、農作業と山仕事はもっぱら女たちがすることになっていました。それは女の領域で、男たちは手も口も出しませんでしたね」

と話している。

漁村で聞取りをしていると、農業が意外に重い位置を占めていたと知ることが珍しくない。むしろ、それが普通だったらしい。三尾も例外ではなかったのであろう。天保の飢饉の際、三尾で近在の農村より餓死者が少なかったのは、農業と漁業の二本立て経済によっていたことが理由の一つだったのではないか。

3　そこは天恵の浦であった

三尾は同じ新温泉町内の浜坂、諸寄《もろよせ》、居組《いぐみ》や、その東側の香美《かみ》町香住《かすみ》などの諸漁港にくらべて格段に規模が小さい。湾の狭さと、海に迫った断崖が港の拡張をさまたげているのである。この自然条件が、近世以降の漁船の大型化、近代になっての機械化時代になると、三尾の漁業の競争力をそいできた。しかも、ここは周辺のどの村落からも遠く離れている。だから、いま訪ねる人の多くは、なぜこんな場所にわざわざ集落をいとなんだのか首をかしげることになる。

しかし、中世以前の漁民にとって、三尾は決して暮らしにくいところではなかった。まず、目の前の湾には瀬や岩場が豊富にあって、さまざまな磯魚が寄り付いていた。そこでは小舟での一本釣り漁や突き漁で、村人を養えるだけの漁獲が可能であった。貝類も海藻類も豊かだった。三尾湾は今日でもアワビ、サザエの好漁場で、向根徳郎さんも貝捕り漁師である。三尾ワカメは、この地方のブランド品になっており、かつては全戸が春にはワカメを採っていた。

どの地方でも、とくに時代が下るほど漁場争いが激しくなるが、三尾と近隣漁村のあいだも例外ではなかった。ただし、それは資源の枯渇や漁船の大型化にともなうものであり、それ以前は三尾湾も周辺も三尾住民の独占するところであったろう。断崖つづきの海岸にできた小さな窪みのような地形は、村の生活にとって弱点というより長所といってよかったと思われる。

三尾と似たような地理条件の漁村は、実は珍しくない。例えば、ここから日本海沿いをずっと西へ行った島根県浜田市三隅町岡見字青浦も、それである。ここも最寄りの村まで直線で一・五キロほど、観音崎の付け根の小漁村で過疎化が始まる前でも二〇戸に満たなかった。海から三〇〇メートルくらい離れており、まわりは山ばかりなので集落のたたずまいは山村といった風情に近い。港の青浦は岩場の陰の荒磯であり、そのため今日では漁民は東隣の岡見港まで軽トラックで通い、そこから船を出している。そんな立地でありながら、地内に青浦古墳がある。古代以来の村であることがわかる。

太平洋側の高知県須崎市久通《くつう》も孤立している点では右の二村以上で、戦後になって通じた山越え道の感じが三尾によく似ている。いや、もっと狭くて寂しい。この先に本当に集落があるのかと思いつつ、車を走らせているうち眼下にささやかな漁村が見えてくるのである。ここも青浦と同名の観音崎の付け根に当たっている。

三尾、青浦、久通いずれも「陸の孤島」の、ほんの一例にすぎない。地形図を海岸沿いに追っていると、似たような漁村はいくらでも見つかる。それは、日本（だけではないだろうが）の漁村の一つの定型だともいえる。その立地は現代人の目には不可解に映るかもしれないが、古代とか中世の漁民には、それなりに暮らしよい土地であったに違いない。小なりとはいえ、好漁場を独占できたからである。

そのうえ三尾には、谷とも呼べないようなものながら小渓流が何本か流れている。飲料水

小三尾港。山の向こうが隣村の赤崎になる。

を得るだけなら天水を貯めても間に合うが、たとえ小規模であっても農業とくに水田をいとなむには小流れは欠かせない。ここは、その条件を満たしていた。三尾への最初の移住者は案外、土地の有望を当初から見込んでいたのかもしれない。

記録によると、宝暦十年（一七六〇）の三尾の人口は三八戸、二六〇人であった。それが安政五年（一八五八）には六五戸、四〇八人になっている。一〇〇年ほどのあいだに、およそ一・六倍の人口増加である。

江戸時代後半の日本の人口は、ほとんど変動がなかったことが知られている。速水融《あきら》氏は『歴史人口学で見た日本』（二〇〇一年、文春新書）で幕府の全国人口調査を引用、享保六年（一七二一）から弘化三年（一八四六）までの人口は武士を含めて三〇〇〇万人ちょっと、これにプラスマイナス一〇〇万人くらいのまま推移したと指摘している。一二五年間にわたって、人口増が抑えられていたのである。停滞の主な原因は享保、天明、天保の三度の大飢饉であったらしい。

一方、三尾では、ほぼ同じ期間に前記のような急増であった。その理由については、村人の生活ぶりを語る文献類が乏しいこともあって、はっきりしたことはわからない。ただ、ここは人が生きていくうえで、今日の見かけとは裏腹に、むしろ有利な土地だったことは間違いなさそうに思える。

4　日和山《ひよりやま》と大島

三尾湾は、北というより北西に近い方角に向かって開いた、ほぼ正方形の入江で一辺は三〇〇メートルほどである。その北東側は岬になっており、最高所は標高一一七メートル、日和山の名が付いている。

岬のすぐ先、幅五〇メートルたらずの水道を隔てて大島という名の小さな島が浮かんでいる。周囲は三〇〇メートルばかり、頂部は高さ五〇メートル余りで、いまは灯台がある。古くから人は住んでいない。

日和山と呼ばれる丘ないし高台は、各地の沿岸に少なくない。南波《なんば》松太郎『日和山』（一九八八年、法政大学出版局）には、八〇ヵ所以上が紹介されている。そこは名前のとおり、日和、つまり天気を観察することを第一の目的とした山である。同時に出船を見送ったり、入船を迎えたり、入船からの目印になる役目も兼ねていた。南波氏によると、日和山は千石《せんごく》船《ぶね》時代の到来とともに現れたといい、資料上の初見は江戸前期の一七世紀半ばだったとしている。大型船は順風を得ないかぎり身動きがとれず、そのため日和山が必要になったということらしい。そうだとすると、さして古くはない呼称になる。

但馬沖は大型和船の航路だったから、日和山は兵庫県北岸にかぎっても三尾のほか、

・豊岡市瀬戸の津居山港
・同市城崎《きのさき》町の城崎温泉
・美方郡香美町香住区の柴山港
・同郡新温泉町の諸寄港

などにもあった。

日和山は南波氏の指摘では、だいたいは積出港・荷揚港・中継港・風待ち港などにあり、船頭が出港に好都合な日を知るため天気を観察する山だとされている。たしかに右に挙げた津居山港以下の四ヵ所は、その条件に合っている。しかし三尾だけは、どれにも当たっていなかった。ここには外航船に積む荷もなければ、船から荷を下ろしてもどうにも処分のしようがない。風待ちにも実は適していない。冬の日本海は北西の季節風によって荒れることが多いが、三尾港は間の悪いことに風が吹いてくる方角に口を開けている。小三尾の中村豊さん(一九三六年生まれ)は、

「岸壁やテトラがなかったころは、この浜へは子供の頭くらいのガングラ(大き目の石ころ)が波に打ち上げられ、ちょっとした小山のようになっていた。カワハギなんかが打ち寄せられることもあった」

と話している。

そのうえ、湾は狭すぎて浅瀬や岩場も少なくない。大型和船は磯に座礁しかねなかったのである。また、順風を待つあいだは乗組員が泊まったり、飲食したりする船宿が必要なのに、ここにはその方面の設備もなかった。

これらから考えて、三尾の日和山は名前は江戸時代になって付いたかもしれないが、その役割はほかの多くの商港とは異なっていたように思われる。現に、ここは千石船がとっくに姿を消したあとも利用されつづけていた。

大三尾集落の上から大島を望む。右手は日和山の山腹である。

向根徳郎さんは、

「日和山には村から道が付いていて、頂上が平坦になっている。沖の舟に急ぎの連絡があるときは、そこで篝火《かがりび》を焚いて帰るように促していた」

と言い、中村さんは、

「小学校へ上がる前のことだったが、大人たちといっしょに日和山へ登ったことがある。頂上では火を焚いていた。幼かったので何のためだったかわからない」

と話している。

昭和になっても、何らかの緊急連絡用に使っていたのである。しかし、そんな用事が年中あるとも思えない。日常的には、各種の魚群の接近を見張るための場所だったのではないか。頂上には、ほかの日和山にしばしば見られた方角石も置かれていた形跡がない。山はあくまで、三尾の村民が利用するものであったことがうかがえる。そうして何と呼んでいたかはともかく、千石船時代が始まる前から住民は、しばしばこの山へ登っていた可能性は十分にあると思う。すなわち、

- 京都府京丹後市網野町浜詰の魚見山《うおみ》
- 徳島県阿南市日開野《ひがいの》町の色見山

などと、ほぼ同じ性格の海に面した高所ではなかったか。色見山のイロミは、イオ（魚）ミまたはウオミの転訛であろう。

岬の前の大島は前記のように、ごく小さい。そのうえ陸地からわずかしか離れていない。このような「大島」は、実は各地になかなか多く、まず例外なしに信仰の対象になっていた。小さな島に大島の名を付けるはずはないので、もとは「青島」といっていたが、いつのころかに訛ったものと考えられる。小さな大島も、いま青島と呼ばれている島も、古い時代には葬送の場であった可能性が高い。葬地は祖先が神の世界へ旅立っていったところだから、のちには聖地へ変化しやすい。この辺の卑見については、気にされる方もいるかもしれない。しかし、これについてわたしは『「青」の民俗学』をはじめ、いくつかの拙著で取上げており、いまここで再び言及することはひかえておきたい。

右の点はともかく、三尾の大島は住民の信仰があつい島である。そこには厳島神社が祀られている。三尾には、ほかに大三尾に八柱《やばしら》神社、小三尾に三柱《みはしら》神社があり、こちらがそれぞ

れの鎮守である。ところが、祭礼は厳島神社がより盛大で、ごく近年まで三日間にわたって行われていた。現在では二日になったが、全住民が参加するのは大島の祭りの方である。すなわち、三尾の実質的な総鎮守だといえる。

向根さんも、出稼ぎ中を除いて大島の祭りには若いときから必ず参加している。

「だけど、祭りの日に島へ渡ったことは、これまでに一度しかありません。そのころは、いつも天気が荒れるんですよ」

祭りは旧暦の四月三日からだったが、いまでは新暦の五月三日からになっている。

5 「お船様」は来ていたか

吉村昭氏の『破船』は、昭和五十七年（一九八二）に発表された長編小説である。

この作品は江戸時代の、どことも知れない小さく貧しい漁村を舞台にしている。村には「お船様」と呼ぶ、村民以外には極秘の異様な習俗があった。海が荒れる冬のあいだ、日が落ちたあと浜で塩焼きの火を焚きつづけ、沖を漂う難破船に集落の存在を教えることによって、いわばおびき寄せ、磯への座礁を誘うのである。もし破船に生存者がいれば、助けるのではなく打ち殺すことにしていた。積荷を奪い、その事実を隠すためである。

ある年の冬、何年ぶりかで待ちに待っていたお船様がやってくる。浜の火を見つけて村へ近づき、岩礁に激突したのである。船にはけがをした者を含めて四人が残っていたが、みな打ち殺してしまう。

「情などかけてはならぬのだ。かれらを一人でも生かしておけば、災いが村にふりかかる。打ち殺すことは御先祖様がおきめになったことで、それが今でもつづけられている。村のしきたりは、守らねばならぬ」

主人公の伊作少年は、そう母からさとされ神妙にうなずくのである。

村人は破船から米三二三俵をはじめ、大量の積荷を手に入れる。それらは人数割で村人に平等に分配されたのだった。伊作の家には八俵の米の配分があった。それは、いまふうにいえば四八〇キロ、ふだん米を口にすることなどめったにない一家にとって数年にわたり食いつなげる量であった。

『破船』は、いうまでもなく小説である。描かれたような習俗が現実に存在したのかどうか、どこの漁村をモデルにしているのかといった詮索は無用であろう。ただ吉村氏は、綿密な取材にもとづく史実に忠実な作品が多いことで知られている。読んでいて、小説というよりノンフィクションに近い印象を受けることも少なくない。そんなこともあって、『破船』の中で「お船様」と呼んでいる風習が本当にあったのかどうか、そこに登場する漁村にはモデルがあったのか否かが気になるのも、またやむを得ない。

わたしは三尾を訪ねてしばらくたってから、『破船』を読みなおしてみた。むろん細部に相違はあるが、とにかく小説に描写される村は三尾に重なる部分が多い。とくに急傾斜の背後の山々、そこを登っていく隣村への小さな道、前面の岩場がつづく磯、冬に激しく荒れる海、その期間の積雪など、わたしはページを繰っていて、しばしば無意識のうちに三尾の情景を思い浮かべていた。

村人が三二三俵の米を得ることになる破船の積荷を浜に運び、生き残っていた四人の乗組員と船体を処分するあいだ、伊作少年はもう一人の大人といっしょに「烏ノ鼻」に登ることを命じられる。「海には、沖がかりの船や海岸沿いに航行する地廻りの船が通る。もしも、それらの船に乗る者たちに、お船様を村人たちが処分しているのを目撃されれば、船荷奪いが露見し、きびしいお咎めを受ける」。だから烏ノ鼻と、湾をはさんだ対岸の潮ノ鼻で見張るのである。

烏ノ鼻は次のようなところだった。「林が切れ、平坦な地に出た。伊作は、眼をみはった。前方に広大な海がひろがっている。そこは岬の先端で、左下方に村と湾が見下せた。湾内の岩礁には海水が白く泡立ち、坐礁した船もみえる。物見の地として絶好であった」。これでは、まさしく日和山そのものではないか。

ここで三尾の人びとの名誉のため大急ぎで付け加えておかなければならないが、三尾に「お船様」のような習俗があった証拠はないのみならず、その可能性も全くなかったと断言できる。

破船を故意に座礁させようとする夜の塩焼き、船荷奪い、生存者の殺害、どれをとっても重罪である。ことに三番目は、もし露見すれば、村人全員が極刑に処されるだろう。だから、小説でも村全体が秘密の保持に異様な用心をはらっていたことになっている。だが、それは簡単なことではない。噂は、すぐ近郷一帯に広まってしまうだろう。それを防ぐ仕掛けとして、作者は「早朝から日没まで歩いても、隣村に達するには三日間を要した」との前提を置くことになる。これだけ遠い土地に孤立していれば、ふいに他郷の者が姿を現すこともまずなく、いくら噂が千里をはしるといっても、外部への漏洩は避けうるとしたものと思われる。そのとおりの立地なら、あるいはそれも可能かもしれない。

しかし江戸時代、隣村まで徒歩でまる三日もかかる村など、日本には存在しなかった。いや、一日で行けないくらい孤立した村もなかったろう。当時の人びとは少々、重い荷をかついでいても一時間に三キロは歩けた。山道でも、そのペースはほとんど変わらない。わたしは各地での聞取りで、そんな例を少なからず耳にした。だが、いまは仮に時速一キロと、ありえないほどの遅さにしてみよう。これでも一〇時間で一〇キロ、三日なら三〇キロ歩ける。そのあいだ、どちらへ進んでも人家を見ないような土地にいとなまれた集落など、なかったことは明らかである。

三尾の場合、最寄りの赤崎まで直線だと一・五キロばかりだが、道のりでは「坂道を一七町」とされていた。一町（丁）は約一〇九メートルだから、一・九キロ弱になる。隣県の鳥取市までできえ、四〇キロに満たない。それは並みの大人なら一日で十分に歩きされる距離であり、その間に何百もの町や村がある。要するに、お船様のような習俗を隠しとおせるものではない。それは、ほかのどんな孤立漁村についてもいえることだった。

『破船』はおそらく、姥捨て伝説のような実在が疑わしい民間説話をもとに構想されたのではないか。そうであったとしても、もちろん作品の価値がいささかでも損なわれるわけでは

三尾と他町村とを結ぶ三尾トンネル。左手に手掘りの旧トンネルが見える。
1952年までは、この上の山道を歩いて往復していた。

ない。わたしはただ、『破船』に描かれたような異形の風習が現実にあったとは思えないといいたいだけである。

ただし、破船が地先の海岸へ漂着したり、積荷や砕けた船の材木などが流れ寄ったりする漁村は、いくらでもあった。その際、生存者がいれば、救助されることはあっても打ち殺されることなどとても考えられない。それは村を壊滅させる恐れが強く、とても冒せる危険ではなかった。実際、三尾には地形の関係で漂着船が多かったらしいが、そんなとき村人はまず乗組員の救助に向かっていたようである。

6　遭難者救助の記録

三尾湾は既述のように、ほぼ北西に向かって口を開けている。冬の日本海は、その方角からの季節風によって荒れることが多い。当然、難破船が漂着したり、いくらかでも航行可能のときは逃げ込んできたりすることが少なくなかったと思われる。『三尾の郷土史　みほのうら』（一九九三年、三尾郷土史編集委員会）末尾の年表によると、明暦三年（一六五七）から明治三年（一八七〇）までの二一四年間に、そのようなことが一七度もあったとなっている。それを以下に列記してみる。

- 明暦三年　加賀国（石川県）小塩浦の遭難船から乗組員七人を救助。
- 万治元年（一六五八）　難破船（所属港不明）を救助。七助という者は死亡、他の七人は助かる。
- 寛文十年（一六七〇）　大阪の遭難船を救助（人数不明）。
- 元禄三年（一六九〇）　隠岐国（島根県）の船、難破。二人を救助する。
- 宝永五年（一七〇八）　但馬国（兵庫県）美含《みくみ》郡の難破船から二人を救助。
- 正徳三年（一七一三）　播磨国（兵庫県）飾磨津《しかまつ》の二五〇〇石船が遭難、一七人のうち一五人を救助する。
- 宝暦十一年（一七六一）　因幡国（鳥取県）網代村の難破船から六人を救助。
- 天保五年（一八三四）　但馬国美含郡一日村の船が遭難、一人死亡、一人救助。
- 同六年　但馬国城崎郡瀬戸浦の船が遭難、三人を救助。
- 同七年　六〇〇石船（所属港不明）が遭難、三尾のシイラ漁舟が発見、乗組員（人数不明）を救助する。

大三尾港の入り口付近。波よけのテトラが積み上げられている。

・同十二年（一八四一）　加賀国の船が遭難、船頭だけが助かる。
・弘化三年（一八四六）　越前国（福井県）河野浦の船が遭難、詳細不明。
・嘉永五年（一八五二）　加賀国港町の船が遭難、救助する。
・安政二年（一八五五）　伯耆国（鳥取県）夏泊の漁船が難破、救助に向かい一人を助けたが、二人は死亡。
・明治二年（一八六九）　因幡国青谷の遭難船を救助。
・同年　播磨国飾磨の遭難船を救助（前例とともに詳細不明）。
・同三年　因幡国加露浦の船が遭難、詳細不明。

このほか、記録に残らない同種の事例があったのかどうかわからない。しかし、右だけで平均一三年ほどに一度の割合になる。いずれにおいても、村人が救助に力を尽くしていたことがうかがえる。

そんななかで、年表に気になるくだりが一ヵ所見える。文久元年（一八六一）、「佐渡の無人船漂着、積荷の件で三尾村が大損害を受ける」という短い記述である。何のことかはっきりしないが、あるいは無人で漂着したためどこの船か確かめられないまま、積荷を村人たちで分けたあと、佐渡から船主がやってきて弁償を求められたといったようなことが考えられる。その際、村人が得た以上の代価を支払ったのかもしれない。

いずれにせよ、風波で砕かれた船の材料や積荷が湾に寄せてくることは、生存者のいる破船が漂着するより頻繁にあったのではないか。そのような物品が浜に打ち上げられることを、

「ユリアゲ」といっていたらしい。

・宮城県名取市閖上《ゆりあげ》

・神奈川県中郡大磯町の小淘綾《こゆるぎ》ノ浜（江戸時代の文献では「淘上《ゆりあげ》浜」とも記されていた）

などは、とくに寄り物の多い海岸に付けられた地名だったようである。わが国の沿海によくある「ユラ」も同趣旨の地名ではないかと思われる。その例は、

・山形県鶴岡市由良

・京都府宮津市由良

・兵庫県美方郡香美町香住区油良

・同県洲本市由良町由良

・和歌山県日高郡由良町

・島根県隠岐郡西ノ島町浦郷由良

・山口県大島郡周防大島町油良

・愛媛県松山市由良町

など珍しくない。

そうして、三尾もまた一種の「ユラ」だといえそうである。

7　出稼ぎが、もう一つの産業であった

三尾の戸数、人口が最も多かったのは大正時代である。同四年（一九一五）に九一戸、五

六六人、同九年に八七戸、六〇七人であった。このあたりをピークに、その後は漸減をつづけ、平成二十二年の国勢調査の折りには六一戸、一九七人（男八五、女一一二）となっていた。

先の『三尾の郷土史　みほのうら』によると、三尾には分家を認めない村規約があった。戸数を制限していたのである。それがいつごろ始まったのかはっきりしないが、年表の享保六年（一七二一）のところに「戸数を増すために分家を出すことを認める（隣村との争いに対抗するため）」と見えている。つまり戸数制限は、これ以前からあったことになる。それが近くの浜坂村などとの漁場争いが頻発するようになって、村の規模を大きくする必要に迫られたということらしい。勢力争いは当然、多勢《たぜい》の方が有利であったろう。

しかし、いつのころかに再びもとに戻って、第二次大戦後も戸数制限はつづいていたようである。村の戸数は、例えば明治二十二年（一八八九）で八一、全国的な過疎化現象が始まる前の昭和三十年（一九五五）で八五であった。前記のように、いっとき九〇戸を超していたが、通じてみれば七〇年近いあいだに、わずか四戸しか増えていない。人口は、それぞれ四七八人と五〇三人であり、やはりほとんど変わっていないことになる。この間に日本の人口は、ほぼ倍増していた。

戸数制限は近世から昭和初期にかけて、どこの農村、山村、漁村にもあった。村に残るのは長男だけで、二、三男は他郷へ出ていく、それは普遍的な習俗だったといえる。行く先は都会、町場である。そこで商家に奉公したり、職人の徒弟になったりした。女性でも、村に

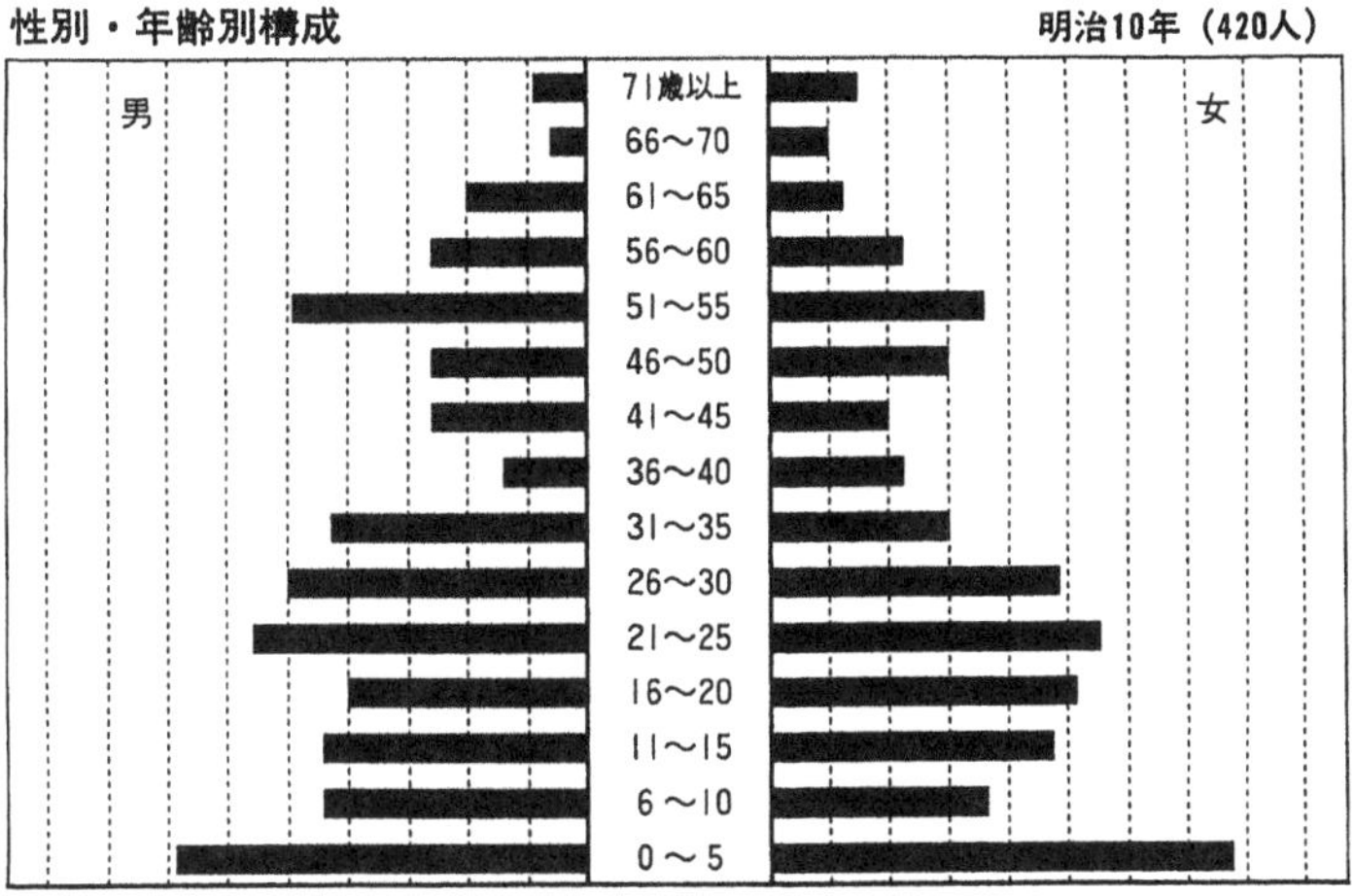

1877年当時の三尾の性別・年齢別人口構成。『三尾の郷土史　みほのうら』より。

残った長男の嫁になる以外は、よそへ働きに出ていたのである。近世になって各地に増加した都会、町場が彼らの大量受け入れを可能にしたのだった。

三尾の分家禁止の規約も、むろん右の人口抑制の一環だが、それだけでは理解できない統計数字が残っている。それは明治十年（一八七七）における性別、年齢別の人口構成である。上の表のように、男女とも三六歳から五〇歳までの壮年後期層の数が極端に少なくなっている。ことに、三〇代後半の男性の少なさは尋常とは思えない。そうして五〇代以降は、ほぼ通常の状態にもどり、あとは年齢とともに減少していく。ちなみに、同年の三尾の総人口は四二〇人であった。

当時、このような数字をもたらす何かの事件か病気の流行でもあったのだろうか。年表には、そんな事実は全く記されていない。この記録に何らかの誤りがあった可能性はある。だが、それをうかがわせる証拠は一切ないので、いまは信頼できるものとして右の偏りの理由について考えてみたい。

三尾は冬は漁業ができない。そのうえ、江戸時代後期ごろから始まった漁船の大型化についていけなかった。港が狭く舟を大きくすることも、数を増やすこともできなかったのである。要するに、近隣漁村との競争で遅れをとることになった。三尾と他村との漁場争いの増加は、それと深く関係していた。そうなると、ほかに生計の手段を求めざるを得なくなる。それが出稼ぎであった。初めは冬のあいだだけであったかもしれない。しかし、やがて季節を問わず、期間も数年あるいは、それ以上にわたるようになったと思われる。

昔の人の結婚年齢は一般に、いまよりずっと若かった。男性で二〇歳前後、女性では一〇代後半くらいであったろう。そんな具合だから、男性で三〇代後半、女性だと三〇代前半で、ほぼ子育てを終わることになる。そのころ、まだ幼い子がいても、年長の子に任せておける。つまり、心置きなく出稼ぎに行けたと思われる。

右のような事情が明治の初め、村の壮年後期人口の一見、不自然なほどの減少をもたらしていたのではないか。しかし、彼らはやがて帰ってくる。それは、どうやら五〇歳を区切りとしていたらしい。当時は「人生五〇年」という言葉が、事実としても実感としても生きていた。いよいよ仕事を退くときが、そのころだと考えられており、その結果、大きく落ち込んでいた三五歳から五〇歳までの人口が、それ以上で急回復したように思える。

この推測が誤っていたとしても、右に記したのと似た出稼ぎのありようが昭和以後にもあった。すなわち、壮年期の十数年ないし数十年間、漁業を中断して他郷へ出かけ、そののち帰村、再び漁業に従事する暮らしは、三尾ではごく一般的だったようである。ただ、平均寿命が延びているので、出稼ぎを切り上げる年齢がずっと遅くなっている。

向根徳郎さんの半生は、その意味で三尾漁民の典型だったといってよいだろう。

8　ある三尾漁民の半生

向根さんは昭和十一年（一九三六）八月に小三尾で生まれた。そして、やや異例のことだが、三歳ごろ現大阪府枚方市のJR片町線長尾駅の近くへ移った。父の善吉さんが大阪で大工をしており、母子をそちらへ呼び寄せたからである。

善吉さんは東京の建築関係の専門学校を卒業したあと大阪で暮らしていた。独身時代、大阪・心斎橋のそごう本店の新築工事現場で何年間か働き、その工事が完成する昭和十年前後に三尾の女性と結婚したらしい。初め妻子を故郷に残していたが、数年後いっしょに生活することになったのである。三尾へは、もう帰らないつもりだったのかもしれない。しかし、太平洋戦争の戦火が激しくなった同十九年ごろ、まず妻子を三尾へ疎開させ、敗戦後には自分も帰ってくる。きびしい食糧難をしのぐには、やは

サザエ捕り用のヤスを手にする向根徳郎さん。実際には、これを長い棒の先に付ける。

り生まれ故郷の漁村の方が有利であったろう。

　徳郎さんには妹が一人いたが、生後まもなく死亡したので実質的には一人っ子であった。分家禁止の対象外であり、漁業権の問題もなかった。だから、当然のように漁師になった。三尾の漁師は、みな個人経営である。網元のような立場の人間はいない。したがって、漁民間の所得格差は、ほかの漁村にくらべてごく小さい。港が狭く大型漁船の導入や、漁船の機械化が難しいからである。

　三尾には二種類の漁師がいる。一本釣りと貝捕りである。前者は磯に寄ってくるブリの仔やタイなどを釣り、後者は小型の舟から箱めがねで海底をのぞきながら主にアワビ、サザエを捕まえるのである。数は一本釣りの方が断然多い。貝捕り漁師は昔から三、四人しかいなかった。ただし、ほかに夏場だけ貝を捕るものが一人か二人いた。さらに、以前は女性たちの全員が春にはワカメを採っていた。

　徳郎さんは貝捕り漁師であった。その技術は一本釣りとは全く別である。使う舟も違う。貝捕り舟は公園に浮かんでいるボートくらいしかない。その舟を操りながら箱めがねで貝をさがす。見つけると、長い棒の先に付けたヤスでアワビは引っかけ、サザエは挟むようにして捕る。

　徳郎さんは二七歳のとき結婚した。相手の女性も三尾の人だった。夫婦のあいだには男、男、女の順で三人の子が生まれた。何度も述べたように、三尾では冬は海が荒れて漁業はできない。徳郎さんは、そのあいだは土木の仕事をした。当時は手作業が中心だったので人手がいった。つまり、いまよりはずっと仕事が多かったのである。

子供たちに手がかからなくなった四〇歳すぎから出稼ぎに行きはじめた。えらんだのは型枠大工であった。土木や建築現場でコンクリートを流し込む型枠を作る大工である。その仕事で兵庫県北部一帯をまわった。四〇代と五〇代の二〇年間は大工専業だったといえる。収入は、こちらの方が安定していた。六〇代になってもつづけていたが、だんだん三尾で過ごすことが多くなり、六五歳で完全にやめた。そうして二十数年ぶりに、また漁師にもどったのである。わたしが二度目に会った平成二十七年七月のある日、徳郎さんは貝を分別して漁協へ出そうとしているところだった。このとき徳郎さんは七八歳であった。

子供たちのだれも、いまは三尾に住んでいない。しかし、県内の会社に勤めている長男が定年後、帰省してくる可能性はある。そうなったら、漁業を継ぐことになるかもしれない。三尾の漁業はもう、そのような形でしかつづかなくなっている。かつては、あれほど盛んだったワカメ採りも、それを仕事にする家は三軒しかなくなった。

「釣り漁師も毎年のように少なくなっていますしね」

話をしていると、向根徳郎さんは三尾に対して、ことのほか強い愛着をもっていることがわかる。それだけに、この漁村の衰退を耳にするのは、わたしにもやりきれないことであった。

第四章　雪深い北陸「綾子舞い」の里

1　出雲の阿国《おくに》の踊りを今に伝える

現今の歌舞伎は四〇〇年余り前、「出雲の阿国」の名で知られていた女性らが始めた歌舞伎踊りに起源をもつとされている。阿国が実在の人物であったこと、慶長八年（一六〇三）、京都で従来とは異質の新しい形式の踊りを演じ、それを歌舞伎踊りと称していたことについては、十分に信頼できる文献資料が残っているので確かな史実だといえる。

その踊りでは女が男に扮し、男が女に扮していた。筋はまことに単純で「かぶき者」が茶屋女のもとへ通い、女をからかったり、そのあといっしょに踊ったりといったものであった。かぶき者とは異形の装束に身をつつみ、常軌を逸したふるまいを好んだ男たちのことである。例えば南蛮衣装に長刀、首の大数珠などが、その得意のいでたちであった。すなわち「かぶく」は「傾《かぶ》く」「斜にかまえる」の意で、室町・戦国時代の「婆娑羅《ばさら》」を引き継ぐ風俗である。かぶき者に扮した阿国も、金銀、赤、萌黄《もえぎ》などの色の華美な衣装をまとい、水晶の十字架やロザリオを胸に垂らしたりしていた。

阿国らの歌舞伎踊りは、まず京都で大成功をおさめる。そうなると、すぐ模倣する者が現れる。その中でもっとも大きな流れとなったのは、遊女屋が運営する歌舞伎踊り、つまり遊女歌舞伎であった。阿国の一座で舞台に上がる演者は一〇人たらずにすぎなかったが、遊女歌舞伎では数十人といった規模のものも少なくなかった。舞台も格段に広く、そこにきれいどころがずらりと居並ぶ。彼女らは職業柄、踊りのあとは当然、枕席《ちんせき》にはべることにもなる。その結果、風紀も乱れれば、産を失う者も出てくる。幕府の禁令は時間の問題であった。

女性による歌舞伎踊りが禁じられると、少年の歌舞伎が人気を得る。これが若衆《わかしゅ》歌舞伎だが、遊女歌舞伎と同じ問題をかかえていた。少年たちが男色《なんしょく》の対象となる点では、遊女の場合とたいして違わなかったからである。ほどなく、これも幕府によって禁じられ、成人男性を中心とする野郎歌舞伎の時代に移る。一七世紀半ばのことであった。今日の歌舞伎が野郎歌舞伎の形式を受け継いでいることは、周知のとおりである。

おおよそ右のような経過をたどったことから考えて、阿国は歌舞伎の創始者といってよいだろう。しかし、この女性芸能者について、わかっていることはほとんどない。生没年も不詳なら、どこの、どんな集団に生を得たのかも不明である。阿国は初め「出雲大社の巫女《みこ》」と名乗っていたようだが、それを裏づける証拠はない。引退後は「故郷出雲で尼となり、八七歳で没した」との伝えにも、信ずべき根拠はないのである。

阿国は歌舞伎踊りの前には、「ややこおどり」を踊っていたことが確実である。『時慶卿《ときよしきょう》記《き》』慶長五年（一六〇〇）七月一日条に、京都・近衛邸で「クニ」「菊」という二人の女性が「ヤ、コ跳《おどり》」を演じた旨が見え、これが阿国の資料上の初見だが、その芸能は別の信頼できる文献には「かぶきおどり」と記されているからである。「ややこおどり」なる芸能自体は、もっと早く『御湯殿《おゆどの》の上日記』の天正九年（一五八一）の条や、『多聞院日記』の翌年の条などに登場し、いずれも少女時代の阿国が踊っていた可能性が強いとされている。ヤヤコは現在と同じように赤ん坊を指していたが、右の場合は幼い少女の意であった。それを強調して、「ややこおどり」と称したものらしい。とにかく、歌舞伎踊りは「ややこおどり」を発展させた芸能であり、だから現行の歌舞伎は「ややこおどり」に始まるということもできるかもしれない。

その「ややこおどり」そっくりの踊りが新潟県柏崎市女谷《おなだに》に残り、いまも演じつづけられている。女谷は柏崎市街の南方一三キロばかりの、草深い山間地である。冬はときに二メートルを超す雪に埋まる豪雪地帯でもある。そんな辺陬に、四〇〇年の昔、京都の貴顕や庶民を魅了していた芸能が代々、受け継がれているのである。それは、まことに不可解な事実であり、民俗学者で芸能史にも詳しかった折口信夫《おりくちしのぶ》など、昭和二十六年（一九五一）に東京・日比谷公会堂での公演を見て、「紹介した芸能史研究者が、そんな風にアレンジしたのではないか」と、冗談とも本気ともつかぬ感想を漏らしたほどであった。

女谷では現在、右の芸能を「綾子舞い」と呼んでいる。もとは「綾子踊り」といっていたが、大正時代の初め「舞い」に変えたのである。その方が優美な感じがすると考えたのかも

新潟県柏崎市女谷に伝わる綾子舞い。平成14年9月15日の地元での公演より。

しれない。いずれにしろ、アヤコの名は幕末のころの記録にすでに見え、おそらくもっと古くからの呼称であったと思われる。

綾子舞いは、実は単一の芸能ではない。二人または三人の少女による小歌踊り、男性一人の囃子《はやし》舞い、そして狂言の三芸態を総称して、そう呼んでいるのである。このうち阿国らの「ややこおどり」に似ているのは、いうまでもなく少女が演じる小歌踊りであるが、女谷の狂言には、室町時代から今日までつづく狂言の家元、大蔵・和泉の二流派でもすでに失われた曲目が残っている。これ一つでも異様な事実だといえ、それゆえ芸能史の研究者たちは綾子舞いに深い関心を寄せてきたのである。

2 「ややこおどり」と綾子踊り

女谷に最も近い町場は柏崎である。いまは両地のあいだに国道353号が通じ、車だと三〇分たらずの距離でしかない。

しかし昭和の初年ごろまでは、人の往来はもっぱら徒歩によっていた。女谷あたりの人びとは、柏崎へ行くことを「町行き」といっていた。大正二年（一九一三）に女谷の南東隣、折居《おりい》で生まれた高橋義宗氏の『鵜川《うかわ》の話』（Ⅰは一九八六年、Ⅱは一九九五年）によると、当時の道は村と村をつなぐように延びていたので曲折が多く、朝早く折居を出ても柏崎へ着くのは正午近くであったという。昼食と用事をすませたあと帰り道を急ぐことになるが、午後いっぱいかかるのが常であった。つまり、どんなに簡単な用事であっても町行きは一日仕事だったことになる。

ちなみに鵜川とは、女谷、折居一帯に源を発し、ほぼ真っすぐに北流、柏崎で日本海に注ぐ川の名であり、またその上流域を指す地名でもある。ただし右の著書では、そのうちの旧鵜川村すなわち現今の柏崎市清水谷《しみずたに》、女谷、折居、市野新田《いちのしんでん》の四つの大字《おおあざ》を、そう呼んでいる。本書でも、おおむねその意で用いることにしたい。

綾子舞いを伝承しているのは、現在では女谷にある五つの小字のうち高原田《たかんだ》と下野《しもの》の二集落だけである。しかし、明治の初めごろまでは女谷のほか清水谷、折居、市野新田でも演じていた。一六世紀の末、京都で始まり、のち大阪や江戸など諸地方でも大流行しながら、ほんの何十年かで消え去った芸能が北陸の山間地の村々で、ほぼもとのまま二百数十年も生きつづけていたのである。

高原田と下野の綾子舞いは昭和五十一年に国の重要無形民俗文化財の指定を受け、毎年九月の第二日曜日に女谷の綾子舞会館前で一般公開されている。以前は公開日が九月十五日に固定され、また会場を村の鎮守、黒姫神社の境内にしていた時期もあった。

綾子踊り（綾子舞いのうちの小歌踊り）は、いまは高原田では二人、下野では三人の少女たちが演じている。この踊りには一一曲が残存しているが、その一つ「常陸踊り」の歌詞は阿国らの踊り歌「ややこ」のそれに、とてもよく似ている。例えば「常陸細帯、三重廻る、締めて廻せば四重廻る」という文句が「ややこ」にも「常陸踊り」にも見えるといった具合である。ほかにも、ほとんど同じ歌詞が少なからずあって、その類似は偶然ではありえない。

江戸時代のごく初期に成立した『歌舞伎図巻』（徳川美術館所蔵）には、「ややこおどり」と歌舞伎踊りが極彩色で描かれている。その一枚「いなばおどり」の図に出てくる二人の女性の踊り子は、長い布で頭を覆い一方の端は額の前できりりと結び、他方の端は首のうしろから背中へかけて長く垂らしている。綾子踊りでも、少女たちはこれにそっくりの被り物を付ける。女谷では「ユライ」と呼んでおり、これが阿国らの舞台衣装を受け継いでいることは明らかである。

扇の手ぶりも基本は変わらないらしく、綾子踊りにもやはり「因幡踊り」が残っていることなどと考え合わせて、「ややこおどり」と綾子踊りの深いつながりは否定しようがない、

『歌舞伎図巻』に見える「いなばおどり」の図。
頭の被り物や扇の持ち方などが綾子舞いにそっくりである。

これが芸能史研究者たちのほぼ一致した理解のようである。

さらに注目すべきことは、少なくとも現行の綾子踊りには「かぶき者」をモチーフにした演目が欠けている点である。これは鵜川に伝わったのが歌舞伎踊りではなく、その前に流行した「ややこおどり」であった可能性をうかがわせる。

綾子舞いは、小歌踊り、囃子舞い、狂言のいずれでも三味線は用いない。三味線が琉球から伝来したのは永禄年間（一五五八―七〇年）のこととされており、阿国が「ややこおどり」や歌舞伎踊りを演じていた一六世紀末から一七世紀初頭のころは、まだ一般化しておらず値段も非常に高かったらしい。阿国の一座も三味線は持っていなかったようである。これも阿国らの芸能と綾子舞いとの共通点だといえる。

なお、阿国の一座は「ややこおどり」のころから狂言も演じていた。それは『御湯殿の上日記』慶長三年（一五九八）五月二十四日の「けふもやゝこおとりあり。いろいろのきやうけんもまいらす」などの記述によって確認できる。歌舞伎踊りでは、その狂言師たちが女装して、男装の阿国らの相手を務めたのである。彼らはまた、太鼓や笛などの囃子方を担当するとともに、囃子舞いをも舞ったと思われる。ちなみに踊りは跳躍を、舞いは旋回を主にした舞踊のことである。

狂言と舞いは室町時代以来の伝統芸能であったが、それに少女による華やかな踊りを加えたところに「ややこおどり」の新しさがあったのであろう。それらが一体となって鵜川に伝わっていたことになる。

3　だれが伝えたか

綾子舞いの伝来については諸説がある。

一つは永正四年（一五〇七）、越後の守護上杉房能が、臣下の長尾為景（上杉謙信の父）によって、その座を追われ鵜川の南方の天水越《あまみずこし》で自刃したとき、奥方の綾子は侍女とともに女谷へ落ちのびて潜居、村人に教えたのが綾子舞いだとする。女谷の現在の住民が好んで語る話だが、綾子舞いのもとになったと思われる「ややこおどり」が世に現れたのは一六世紀の八〇年代になってからのことであり、上杉房能の自刃より七〇年以上も遅い。右は何かの起こりを貴人の来村に求める「貴種流離譚」の一種にほかならないことになる。

平家の落人が持ち込んだ都の文化の中に綾子舞いがあったとする伝説も残っているようだが、こちらはもっと時代が合わない。

「ややこおどり」と綾子舞いとがあまりにも似ていることから、阿国自身の一座が伝えたのではないかとする仮説もある。阿国の芸能に造詣が深い芸能史家、小笠原恭子氏らの指摘である。ありえることであり、これを否定する証拠はないが、逆に肯定できる裏づけもない。ただし、阿国の芸能をほぼ完全に習得していた芸人集団が鵜川にやってきたことは、二つの芸態の酷似という事実から考えて疑いあるまい。

それとかかわるらしい「京都の狂言師伝授説」も現地で語り継がれている。既述の『鵜川の話 Ⅱ』には次のように見えている。

「徳川中期のころ、京都の寺侍茂田茂太夫という狂言師が夫婦で落ち延びて来て伝えたものであるといいます。茂田茂太夫は、下野の道正《どうしよう》家二代の祖・高橋太兵衛の家に三年間厄介になり、ついに養子となって高橋姓を名のり、分家をしました。

この夫婦が、男は高原田に、女は下野に教えたので、高原田の振りはごつごつしており、下野は柔らかみの味があるといいます。（高橋家十二代高橋時中氏談）」

鵜川の集落には同姓の家が多い。そのため、いまでも屋号が広く用いられているが、右の「道正」も屋号で本姓は「高橋」である。その二代目が太兵衛、一二代目が時中氏というこ

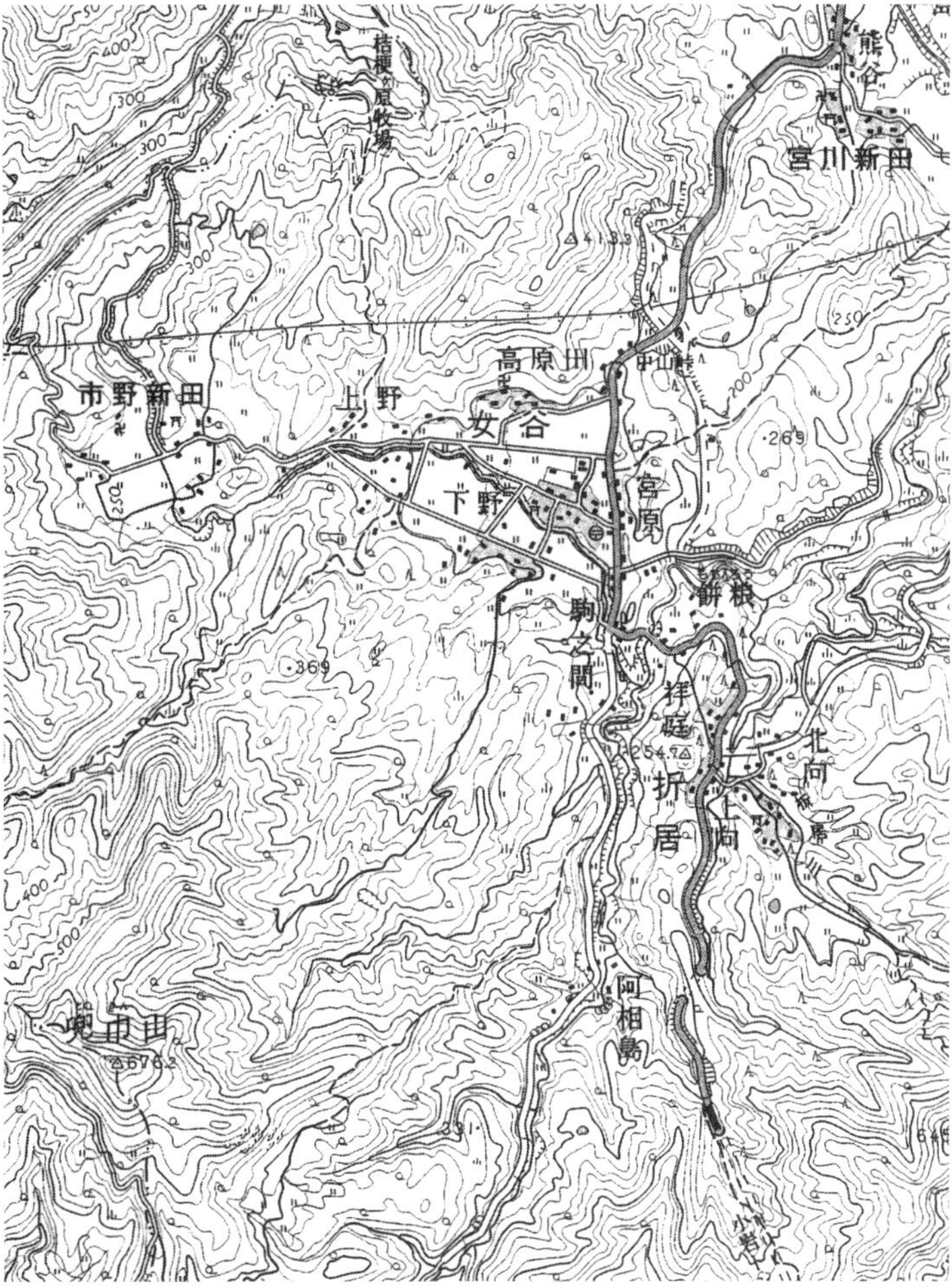

柏崎市女谷あたりの地形図。国土地理院５万分の１図「岡野町」より。

とになる。

この話には細部はともかくとして、「上杉綾子伝授説」などとは異質のリアリティーがある。ことに次の「北国茂太夫伝授説」と合わせるとき、その感がさらに強い。

「永正のころに、下野の道正の新左衛門が道正橋の上で旅芸人の夫婦に会いました。疲れた様子であったので、事情を聞いてみると、諸国を巡業して回る北国茂太夫という者であるといいました。

慰安の少ない村人たちは、この夫婦から舞を習いました。茂太夫は高原田の人々に教え、その妻は下野の人々に教えたので、高原田は男性的に、下野は女性的になったといいます。

(番屋・高橋久助家古文書から)」

「番屋」は高原田の小地名である。

そこの高橋家に残る古文書の記載と、先の下野の高橋時中氏が語った伝説の出所は、おそらく同じであろう。それが長い時間をへるあいだに伝来時期に違いを生じたり、旅芸人が女谷へやってきた折りの様子に多少の差ができたりしているが、芸人の名が「シゲダユウ」であったことと、彼らに最初にかかわった村人が下野の「道正」家であったことは一致している。これは事実を下敷きにしているからではないか。

とにかく、「ややこおどり」と綾子舞いとの尋常とは思えない類似から考えて、前者の芸能に習熟していた集団が鵜川の地を踏んだことははっきりしている。それは一時的な滞在ではなかったろう。何の基礎的訓練も受けたことがないはずの村人が、小歌踊り、囃子舞い、狂言にわたる幅広い芸能全般を短期間で身に付けられたとは思えないからである。芸能者たちは村に住みつき、村の人間になったに違いない。

しかし、例えば夫婦二人で伝授したにしては芸域が広すぎ、曲目も多すぎる。最初、村に定住したのは、伝説が語るとおり二人であったかもしれない。だが、その後、彼らと一団になって行動していたか、似たような集団に加わっていた人びとが、あとにつづいた可能性が高いように思える。

芸能者は当時も、その前もあとも強い差別・賤視の対象になっていた。猿楽の能を大成した世阿弥（一三六三―一四四三年）の芸でさえ「乞食ノ所業」（『後愚昧記《ごぐまいき》』）と記されたことはよく知られた話である。足利将軍義満と同席して、京都の祇園会を見物したほどの世阿弥にあってもなお、そんな具合であった。各地を渡り歩く芸能者に世間が向けていたまなざしがどんなものであったか、語るまでもない。

彼らが村で興行することは認めても、定住などとんでもないとの空気が一般的であったろう。しかし、世間は広い。何かの拍子に村に住みつくことを許された例は、たしかにあった。そのような土地は、中央から遠く離れた山間地に多かったようである。

女谷は、これであったに違いない。もし最初の二、三人の定住者が村に何らかの利益をもたらしでもしたら、後続の集団の定住も認められておかしくない。女谷と、その近隣の村々では、そういうことが起きたと思われる。これは単なる空想ではなく、そう考えるべき状況証拠がある。しかし、それを取上げる前に、なぜ女谷で長いあいだにわたり古風の芸能が守られつづけてきたのかについて述べておきたい。

4　そこは役者村であった

現在の綾子舞いは、保存会の人びとによって演じられている。伝承者養成講座があって、そこで訓練を受けた男女が公演のとき舞台に立つのである。かつては女谷の青少年から選ばれていたが、過疎化の進行で村の人口が減ったため、二〇世紀末ごろから受講者の範囲を柏崎市のほかの地域にも広げている。

しかし、第二次大戦前までは演者はすべて成人男性であった。いま少女たちが踊っている綾子踊り（小歌踊り）も、男性が演じていたのである。それが少女たちに移ったのは、戦後の保存運動の際であった。だから当初、踊りの指導に当たったのはみな男性で、それも年配者がほとんどだった。囃子舞いと狂言を含めた芸全般が過去のものとなりつつあり、教えることができる者の高齢化が進んでいたからである。

綾子舞いは今日、村人がよく口にするような「娯楽のとぼしい山村住民が自らを慰めるために伝えてきた芸能」などではない。それは生業として代々、受け継いできたプロの芸能であった。そう考えるほかない証拠が少なからずある。その一つは、十方庵敬順《じっぽうあんけいじゅん》（一七六二―一八三二年）の『遊歴雑記』に見える次の文章である。

〈去《さり》し文化十二年（一八一五）九月、越後頸城《くびき》郡何村の百姓かや、居村の鎮守の宮を再興のため、老若打交り八人出府し、縁有て、浅草寺境内に旅泊し、再興の要脚にせんと、古来より村に伝来する綾子踊といふものを舞て、金二百疋《ぴき》づつにて先々の招《まねき》に応ず。（中略）男たる役は麻上下を着し、女たる役は、振袖を着して、細帯を前にて結び、下頭をば茜《あかね》の長き木綿にて包み、一人のみ出て狂言するあり、又は二人三人四人も男女打交りつつ勤《つとむ》る狂言も有て、物いふ言語は更に能狂言に似たり〉

右の「下頭をば茜の長き木綿にて包み」とあるのは、いまも綾子踊りの少女たちが必ずかぶっている「ユライ」のことである。「男女打交り」の女は、男性の女装である。また「鎮守の宮を再興のため」というのは口実であって、彼らは純然たるプロの役者集団であった。それは、この少しあと、肥前平戸藩主の松浦静山《まつらせいざん》が天保五年（一八三四）ごろ、江戸の藩邸で見物した「アヤコの舞」について述べた『甲子夜話《かっしやわ》』の記述からも裏づけられる。なお、頸城郡は刈羽郡の誤りである。

◆予カ上邸《かみやしき》ノ近所ニ久シク住ム鍼工《したてや》、或日《あるひ》上邸ニ於テ云フニハ、コノ頃越後ヨリ彼地ノ農夫共来リ、其地ニ伝ヘタル技舞ヲ為ス、コレ近来彼地困窮ナレバ、都下ニ出テ木戸銭ニ換ヘ、窮ヲ救ハンガ為トゾ、人呼デアヤコノ舞ト謂《い》フ、因テ頃《ちかご》ロ両国橋ノ広地ニ技場ヲ構ヘ、衆人ニ観ス。

◆興業《（ママ）》ノ日越後農夫ノ答語アヤコノ舞ト謂フ事ハ、文字ハ文子《あやこ》ト書テ、舞ノ名呼ブ也、昔シ四百年前、都人トテ北国茂太夫ト称シ、其婦女《つまむすめ》三人ト来リ、此国苅羽郡折居村ニ居住シテ、コノ舞曲ヲ伝ヘ遺《おく》レリ、其家紋ニハ、円中ニ橘ヲ用テ、今ニ其幕ヲ伝ヘ来ル、北国氏ノ由緒、幷《ならびに》墳墓ノ所今詳《つまびらか》ナラズ。

・コノ徒カノ地ニ五組アリテ、一組十四人ナリ、上邸へ来リシノ頭取ハ、折居村ノ庄屋横田与左衛門ト云者ト。

「カノ地」が折居だけのことか、女谷あたりも含めてのことかはっきりしないが、とにかく一組で一四人からなる興行団が五組もあったというのだから、ざっと七〇人が綾子舞いを演じていたことになる。そのうちには江戸まで巡業していた組もあった。そうして「金二百疋づつ」で公演に応じたり、当時、江戸屈指のパフォーマンスの場であった「両国橋ノ広地」で木戸銭を稼いだりしていたのである。こんなことが素人衆にできるはずがない。もし可能なら、それこそ日本中の村が真似をしていたろう。

困窮していたのは、なにも鵜川の村々にかぎらなかった。女谷の綾子舞会館には現在、江戸時代に彼らが用いていた豪華な衣装が何点か展示されている。購入には相当の費用を使ったに違いない。八人とか一四人とかの集団の江戸往復にも、それなりの金がいる。それらを補って、なお見合うだけの実入りがあったからこそ江戸興行に打って出ていたのである。

芸能によって生計を立てていた村は、ときどきあった。近世でいえば猿楽《さるがく》すなわち能と狂言、幸若《こうわか》舞い、歌舞伎、万歳、人形芝居などの芸能である。そのような村を「役者村」と呼ぶことがある。役者村は、とくに西日本では被差別部落であることが少なくなかった。役者村が江戸時代になって穢多村に位置づけられた場合もあれば、生活していく手段の一つとして芸能に活路を見出した例もあったようである。

兵庫県の淡路島や、すぐ近くの徳島県などでは人形芝居の役者村が、あちこちに存在していた。その中には第二次大戦後も、巡業をつづけていたところもあった。だが、どこもやめてから何十年かがたつ。その際、人形の頭《かしら》や衣装などを川に流して捨てた人びとも珍しくなかった。それらは差別と結びつく、不愉快な思い出の品だったからである。子供たちに語り継ぐことも避けがちであった。その結果、現在の若い住民の中には、ほんの何十年か前まで自分の村が人形まわしを重要な生業にしていたことを全く知らない人びとも多くなっている。

女谷も折居も被差別部落ではないが、役者村であった。江戸時代には生きていくために踊り、舞い、演じていたのである。それは一家の主たるべき成人男性たちの仕事であった。女性による芸能興行が禁じられていたためだが、大の男が少女に扮装する芸で見物人を集め料金を取れたのである。それだけのレベルに達するには、子供のころからの厳しい修練を要したに違いない。それは村ぐるみの真剣勝負であったろう。だからこそ、今日、芸能史研究者たちを不思議がらせるような芸態を何百年も保つこと

女谷の綾子舞会館に展示されている幕末の豪華な衣装。

ができたのである。

5　芝居の巡業にも出ていた

安土桃山時代から江戸時代初期のころ、「ややこおどり」は誕生したばかりの流行芸能であった。だが、時の経過とともに伝統芸能へと変わっていく。大衆は一般に新しいものを好むので、役者村ではしばしば演目を新流行に合わせることによって、時代の要求に応じることが少なくなかった。

鵜川の綾子舞いは江戸期を通じて、そのような変化を受けない方であったと思われる。それは、『遊歴雑記』や『甲子夜話』にたまたま残された幕末の江戸興行の記録からもうかがえる。現行の綾子舞いでさえ古態をとどめているのだから、幕末のそれが一層、阿国らの芸能に近かったことは間違いあるまい。

しかし鵜川の、芸能興行を重要な生業にしていた人びとが、みな綾子舞いの役者だったわけでもないようである。中には、芝居すなわち歌舞伎を生計の助けにしていた村人もいた。こちらは綾子舞いにくらべて資料もとぼしく研究する者もいないため、いつごろ現れた現象かはっきりしないが、もっとも盛んだったのは幕末から明治前期にかけてのころであった。

既述『鵜川の話』の著者、高橋義宗氏は大正二年（一九一三）、折居の生まれである。氏の祖父、高橋徳松さんは地芝居（村歌舞伎）の役者であった。その名は天保五年（一八三四）の柏崎地方の役者名を記した文献に載っているという。義宗氏が四歳のときに死亡している。

徳松さんは俳優鑑札を持っていた。鑑札税を払っていたのである。本職は大工だったというが、決してその片手間に芝居もやっていたのではない。義宗氏の記憶によると、家には印刷用の版木があった。例の独特の書体で歌舞伎の題名や役者の名などが刻されていた。そんな版木が玄関上の二階の隅に積まれていた。それは大正十二年に火事で消失したが、鑑札や版木は徳松さんがただの芝居好きではなかったことを示している。

実際、桑山太一氏の『新潟県民俗芸能史』（一九七二年、錦正社）によると、「鵜川村の横田喜兵衛、高橋忠松（徳松の誤り＝義宗氏の指摘）なども、俳優の鑑札を受けて各村で堂々と興行をしていた」という。むろん木戸銭を取ってのことである。ちなみに、桑山氏は昭和十二年（一九三七）から綾子舞いの現地調査をつづけ、この芸能を初めて世間に紹介した柏崎在住の民俗研究者・郷土史家である。当時、女谷や折居でも綾子舞いの名さえ知らない人が少なくなかったらしい。いま九月の現地公演日には、この山里に一〇〇〇人前後もの見物客を集める綾子舞いも、一時期それほど衰退しきっていたのである。

高橋義宗氏は、かつて鵜川の年配者から「（明治のころは）町行きの道中で、若い男衆で眉毛を剃った人によく会ったものだ」との話を聞いている。既述のように、町行きとは鵜川から柏崎へ出ていくことである。その途中で、眉毛を剃った地芝居の役者に会うことが少なくなかったということであろう。ただの農民や大工の芝居好きが、そこまですることは考えにくい。彼らは、木戸銭を取る小屋の舞台に立つセミプロの役者だったと思われる。鵜川沿い

昭和30年代、女谷の黒姫神社境内で演じられた小歌踊り。綾子舞会館の展示写真より。

の山中には、そのような男性が多数いたことになる。

『出羽《でわ》・本歌《ほんうた》・入羽《いりは》』は平成八年、柏崎市綾子舞後援会が発行した綾子舞いの解説書である。出羽、入羽は舞台へ出入りするときの音楽、歌、踊りなどのことである。同書には「年表でみる『伝承』の記録」の項があり、そこの明治初めから大正初めの部分には次のように記されている。

- 明治初年頃　高原田、下野組はたいへん盛んで、近郷近在へたびたび巡業にでかける。出演用道具を背負い、徒歩で峠越えをした。一行六、七人で二、三日間滞在をした。
- 明治の中頃　日清戦争のころ他の集落ですたれ、両集落もおとろえた。

- 明治四十一年（一九〇八）　高原田は上条村観音堂の祭礼に出演し、踊五、囃子舞十八、狂言十四演目を上演、番付が残っている。
- 大正初期　下野は鯖石村清瀧寺の祭りに二回出演した。この頃、綾子踊を綾子舞と称するようになった。柏崎小学校運動場において県神職会刈羽郡支部主催招魂祭に出演し、狂言二、囃子舞二を上演。

綾子舞いは幕末、江戸まで打って出ていたころにくらべ、だいぶんスケールが小さくなっていたようだが、明治の前期にはまだ木戸銭を取る興行がつづいていたことがわかる。それが明治の中期ごろから、だんだん古典芸能の鑑賞会への出演といったものに変わっていったらしく思われる。

しかし、幕末から明治前期にかけては、綾子舞いと歌舞伎芝居が、とくに女谷と折居で生業として併存していたのである。役者の中には、両芸能を兼ねていた者もいたかもしれない。綾子舞いから、大衆受けのする歌舞伎へ転身した者もいた可能性もある。いずれであれ、女谷や折居は役者村であったといえる。そうでなければ、村中こぞってといった感じで芸能に打ち込めなかったはずである。

6　阿国の踊りは、ほかにも伝わっていた

柏崎市の鵜川地区に移植された綾子舞いが、出雲の阿国らの芸能と深くかかわっていたこ

とを否定する研究者は、ほとんどいないようである。しかし、それと類似の芸能が、ほかにないわけではない。

その一つが、いまは東京都北西部の小河内《おごうち》ダムの湖底に沈んでしまった旧小河内村に伝えられていた鹿島踊りである。これも旧住民らでつくる保存会によって受け継がれ、やはり国の重要無形民俗文化財に指定されている。毎年九月の第二日曜日に、西多摩郡奥多摩町河内の小河内神社へ奉納される。同社はダム湖（奥多摩湖）を見下ろす山上に、かつての各集落の氏神を合祀した神社である。

ここの鹿島踊りは現在も、もとのままに女装した成人男性が踊っており、その点は柏崎の綾子舞いと違っている。わたしは平成二十二年、鹿島踊りを見物した。踊り子は六人、紫色の振袖着物に黄色っぽい帯をだらりと下げ、頭には高さ二〇センチほどの瓔珞《ようらく》（仏像などの天蓋）に似た飾り物を載せていた。それは、綾子舞いの「小切子踊り」で少女がかぶる天冠にそっくりであった。全体に綾子舞いに似ているとの印象を受けたが、なにぶん全く素人の悲しさ、両者の細かな異同については語ることができない。

小笠原恭子氏の『出雲のおくに』（一九八四年、中公新書）によると、女歌舞伎踊りの「万事」、綾子舞いの「小切子踊り」、鹿島踊りの「こきりこ」および、それぞれの「塩くみ」、「塩くみ踊り」、「浜が崎」などの歌詞には明白な類似が認められるという。芸能史家の本田安次氏は、わが国の伝統芸能を実地に広く観察した研究者だが、前記『出羽・本歌・入羽』で「（鹿島踊りは）歌やなんかはやはり綾子舞と並ぶ同じ系列の歌を歌っております」と述

平成22年9月12日、東京都奥多摩町の小河内神社境内で演じられた鹿島踊り。

べている。

香川県仲多度郡まんのう町佐文《さぶみ》の綾子踊りは、いつのころからか雨乞い踊りとして伝承されてきた。これも国の重要無形民俗文化財に指定され、現在は二年に一度、八月下旬か九月上旬の日曜日に地元の加茂神社に奉納されている。

この綾子踊りにも、阿国らの歌舞伎踊りや柏崎の綾子舞いと共通する歌詞が残ることなどから、もとは同じ芸能によって生きていた集団が佐文に持ち込んだと考えられている。ただ、香川県は日本でも有数の少雨地帯であり、年中、水不足に苦しんでいた。そのため柏崎のように興行者の芸能としてではなく、雨乞い儀礼に組み込まれて今日に伝わったらしい。

ここでも柏崎と同じ「アヤコ」の名が付いているのは、なぜだろうか。それについては、ある旱魃の年に一人の僧が村を訪ねてきた際、綾子なる女性が心をつくした接待に当たり、喜んだ僧が踊りを教えたとか、綾子という名の「京女郎」が雨乞い踊りをおどったところ恵みの雨を得て、以後、村人も習いおぼえたといった伝説がある。しかし、むろん取るに足らぬ作り話で、アヤコは阿国が少女時代に踊っていた「ややこおどり」のヤヤコが、そう訛ったとするのが定説になっている。

右以外にも、静岡県榛原《はいばら》郡川根本町徳山の徳山浅間神社で八月十五日に演じられるヒーヤイ踊り（徳山の盆踊り）も、近世初期の歌舞伎踊りの面影を残しているようである。これは小歌踊りと狂言からなり、前者はいまは少女たちがおどっているが、もとは女装の成人男性が演じていた。

これらを含めて、「ややこおどり」あるいは歌舞伎踊りと、少なくとも部分的な共通点をもつ芸能は十指に余るくらい知られている。中央では近世初期のほんの何十年間か爆発的に流行し、そして消えていった芸能が各地に伝播・残存しているのである。阿国らの芸能に習熟していた演者集団が、それぞれの土地に長期滞在したか移住したと考えるほかあるまい。柏崎の綾子舞いなど、その伝来は「おくに自身の座によると思われる」との小笠原恭子氏の指摘は前にも紹介した。

次に、わたしが記したいのは、とくに綾子舞いについて、いつごろ、どんないきさつで、どのような人びとが女谷や折居にそれを持ち込んだのかである。もちろん正確なことなど、わかるはずがない。それに、わたしは芸能史には無知である。まことに僭越な試みだといわねばならないが、ただ芸能史研究者が想像もしない、ある一本の補助線の存在に触れることはできるかもしれない。

7　そこは箕《み》作《つく》り村でもあった

平成十三年九月十一日と元号を用いていっても、もうぴんと来ない人も多いことだろうが、その年は西暦では二〇〇一年であり、その日は「アメリカ同時多発テロ事件（9・11事件）」の発生日であった。

同日午後、わたしは車で千葉県の自宅を出て柏崎市清水谷を目指していた。この日の午前九時半ごろ台風15号が神奈川県鎌倉市付近に上陸、道中はずっと雨で、ときに激しい降りになった。アメリカ東部とは一三時間の時差があり、ラジオはテロ事件のことはまだ伝えていなかった。第一報は午後九時前後で、特別番組に移ったのは翌日の正午近くからである。

当時、わたしは箕《み》のこと、というより箕を作る人びとのことを集中的に調べていた。箕といっても、近ごろでは何のことか知らない人も少なくあるまい。しかし、それは半世紀ばかり前までの農家には、なくてはならない道具であった。米などの穀物の実と殻を分別して、食べられるようにするためには欠かせなかったからである。昭和三十年代の前半あたりまでは、どんなに貧しい農家にも一枚はあって、農業を手広く営んでいる家では一〇枚以上も持っていることが珍しくなかった。ところが、同三十五年（一九六〇）ごろを境にしてコンバインなどの農業機械が普及しはじめると急速に姿を消してしまい、いまでは目にすることもまれになった。

わたしは事前に柏崎市立博物館に電話して、この近辺では清水谷で箕が作られていたとの話を聞いていた。それで清水谷を訪ねることにしたのである。わたしは、いつものように途中の山中に停めた車の中で一泊、翌朝、清水谷へ入った。そこは豪雪地帯の山村といった感じのところで、一見して明らかなくらい過疎化が進んでいた。打ち捨てられたばかりの廃屋が何軒もあった。話を聞こうにも、人の姿が見当たらない。ようやく出会った七〇歳ほどとおぼしき男性が、わたしの問いに、

「ここでは籠《かご》や笊《ざる》などの竹細工は盛んに作っていた。ただし、それも三〇年か四〇年ばかり前までのことで、いまは一人もやっていない。箕は昔から作っていないな。箕を作っていたのは、ここから西へ山を越した女谷の下野だ」

と答えてくれたのだった。

女谷に着くとすぐ、道路ぎわに立つ「綾子舞発祥の地」の大看板が目に入った。わたしが綾子舞いなる芸能の名を知ったのは、このときが初めてである。

女谷でも相変わらず、激しい雨が降りつづいていた。下野を車で走っているとき、ある農家の前でちらっと人影が見えた。わたしは、いきあたりばったりで、その家に飛び込んだ。のちにわかることだが、布施信男さんのお宅であった。布施さんは昭和九年（一九三四）に下野で生まれ、父親の定二さんは生前、農業のかたわら箕作りを副業としており、信男さん自身も手伝っていたことがあった。土砂降りの雨の中で、箕の話を聞くには最適の人に出会

えたことになる。
「昔は下野は三〇戸くらいの村でした。自分が若いころ、そのうちの五軒か六軒の家で箕を作っていましたね。だいたいが副業です。うちでは親父の定二がやっていましたよ。定二は明治三十年（一八九七）の生まれです。祖父は自分が幼いときに亡くなったので、箕を作っていたのかどうかわかりません。親父が箕作りを習ったのは、この東側に住んでいた唖《おし》の人からです。その人は専業で箕を作っていましたねえ」

わたしは、薄暗い土間で身をかがめ一日中、箕作りにはげんでいる初老の男性の姿を思い浮かべた。口がきけなかったというが、家族はいたのだろうかなどと想像をめぐらせた。しかし、そのあたりについて深く追究するのは何となくはばかられて、それ以上のことは聞かなかった。

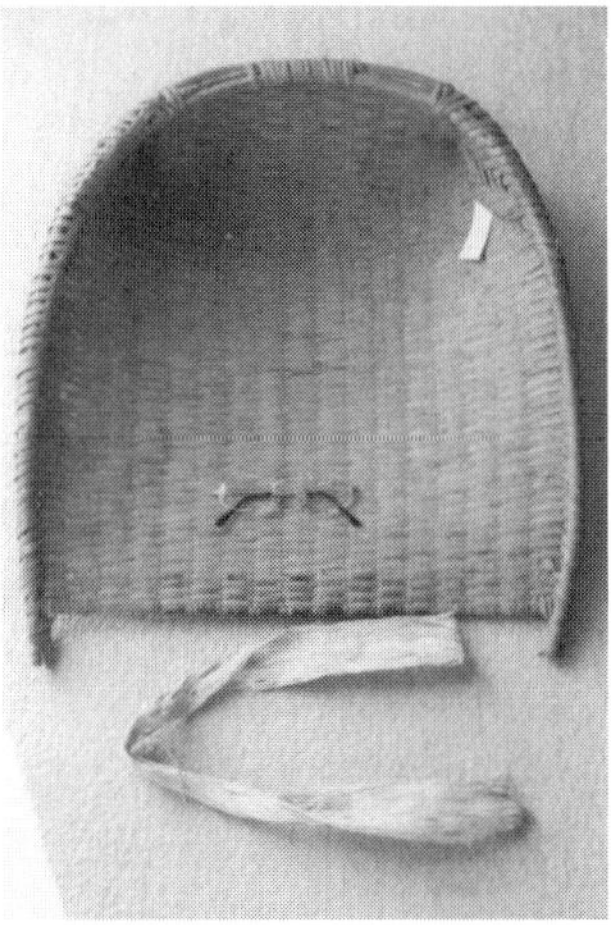
女谷の下野で作られた箕。手前は材料にする、叩きつぶした藤の茎である。

その男性に、地道な職人とは全く別の一面があったことを知ったのは、ずっとのちのことであった。だが、それについては改めて触れることにして、いまは下野の箕作りの話をつづけたい。

ここの箕の材料はネマガリタケと藤であった。前者は山菜採りの人たちが筍《たけのこ》を珍重する細い竹の一種で、後者は初夏になると紫色の花房を付けるカズラのような植物である。その二つを薄く加工したものを編み合わせて、ちりとりのような形の器にするのである。この技術の習得はなかなか難しい。商品として通用する箕を作っていたのは特別の職能民の集団であり、普通の農民が製造に関与することはなかった。

「ここで作った箕は、柏崎の問屋が引取りにきていましたね。それとは別に、清水谷の人が買いにくることもありました。あそこは竹細工を作って、刈羽郡や頸城郡一帯に売り歩いていましたからね、その行商のとき箕はないかと訊かれるんで、ここから仕入れていっしょに売っていたんでしょう」

布施さんのこの話によって、柏崎市立博物館がなぜ清水谷で箕を作っていたと考えたのかがわかる。清水谷の行商人は実際に箕も持ち歩いており、それを目にした人びとは清水谷で作っているものとばかり思い込んでいたのであろう。

布施さんの話はまた、竹細工と箕作りが全く別種の技術であることも教えている。プロの竹細工職人でさえ、藤箕《ふじみ》（女谷のように藤を材料の一つにして作る箕）は作ることができなかったのである。ただし、西日本の方では真竹だけを使って作る箕（竹箕とも呼ぶべき箕）があって、これは籠や笊などと同様、竹細工職人によって作られていた。籠や笊などより高い技術を要したので、そのような職人が製造に当たっていたのである。

初めて女谷へ行った翌年の平成十四年九月十五日、わたしは再び同地を訪れた。その日を選んだのは、綾子舞いを見物するためであった。公演は午後零時半からである。それまでの時間を、わたしは折居での聞取りに充てることにした。

綾子舞いは、かつて清水谷、女谷、折居、市野新田の旧鵜川村に属する四つの大字《おおあざ》全部で演じられていた。しかし、その中核に位置していたのは、これまでに紹介してきた資料などから女谷、折居の二集落であることが明らかだった。清水谷、市野新田へは、ここから持込まれたのである。女谷は前回、不十分ながら歩いており、この日の綾子舞いも女谷に舞台が設けられている。それで折居での取材を考えたのである。

折居には、阿相島、上向、北向、拝庭、餅粮《もちろう》の五集落がやや広い範囲に点在している。わたしはまず、そのうちの餅粮を目指した。すでに何度か引用した『鵜川の話』の著者、高橋義宗氏の出身地だったからである。

ところが、このときにはもう全戸が離村しており、ただ夏のあいだにかぎり三軒ほどが村へもどって田畑を耕しているだけであることがわかった。もとは三五戸あったが、鵜川ダム建設で水没することになったため平成六年、柏崎市街などへ転出していったのである。わたしは、それを知らなかったのだが、ここを訪ねたのは無駄ではなかった。村で会えた右の三軒の一軒、高橋良平さん（一九二六年生まれ）の話が、いろいろと参考になったからである。

良平さんは二〇代のころの数年間、箕の製作を仕事にしていた。近所の高橋重行さん（一九一五年生まれ）から作り方を習ったのだった。

「箕作りを完全に身につけるには根気がいりましてね、自分は結局、そこまでにはなれませんでした。自分が作った箕は、重行さんのものとまぜて問屋へ渡していましたよ。自分の箕だけだったら、問屋が受け取ってくれなかったかもしれません。そんなこともあって途中でやめてしまい、糸魚川《いといがわ》の工場へ働きに出ました。そっちの方が、ずっと楽でしたねえ」

若くておぼえのよい年代でも、箕作りに習熟するのは簡単ではないということであろう。

高橋重行さんは、この当時、群馬県桐生市に住んでいた。わたしは帰宅後、電話で話をうかがうことができた。八七歳であったが、しっかりした声であった。

重行さんによると、戦後の昭和二十年代、女谷と折居で箕を作っていたのは専業が重行さんと下野の大野重作《しげさく》さん、宮原（女谷の五集落の一つ、下野の隣）の高橋姓の男性（屋号じんぞう）の三人で、このほかに三〇人くらいが「副業的に」作っていたという。その中には、前節で紹介した下野の布施定二さんも含まれていた。重行さんは、専業の大野重作さんについて、

「この人は唖でした。いい箕を作っていましたよ。重作さんが、布施定二さんに箕作りを教えました」

と語ったのだった。わたしは、このとき初めて、口のきけない箕作り職人の名を知った。しかし、その大野さんが昭和初期を代表する綾子舞いの踊り手であったことには、まだ気づいていなかった。

綾子舞いの紹介本『出羽・本歌・入羽』のことは、前にも取上げた。そこに綾子舞いを初

昭和16年、研究者らの前で踊った大野重作さん。
頭には戦闘帽に手ぬぐいを巻いて載せていた。『出羽・本歌・入羽』より。

め て世間に紹介した柏崎の民俗研究者、桑山太一氏の「綾子舞見聞記」が収録されている。その一節に昭和十六年（一九四一）六月十五日、中央の芸能研究者らを招き、地元で演じられた小歌踊りの一曲「小原木踊り」について触れたくだりがある。当日、それを踊ったのは大野さんであり、桑山氏は「大野重作さんは元老であって」と書き残している。その名前は、芸能史研究者として著名な本田安次氏を囲んだ座談会の記録にも登場し、日本民俗舞踊研究会を主宰していた須藤武子氏はそこで、

「大野重作さんって方は、大野利幸さんの親で、とっても芸達者な方だったんですよね」

と発言している。わたしは高橋良平さんに会う前に『出羽・本歌・入羽』に目

を通していたが、そこに出てくる人名の多くは記憶していなかった。大野重作さんという「唖の職人」が「綾子舞いの元老」でもあったことに気づいたのは、しばらくたって同書を読み返していたときであった。

とにかく、以上によって大野重作さんは専業の箕作り職人であり、また綾子舞いの正統を受け継ぐ踊り子でもあったことがわかる。大野さんがいつの生まれか、はっきりしない。しかし、昭和十六年には「元老」と評した人がいたこと、そのときの写真では初老か、それ以上の年齢に見えることなどから考えて、おそらく明治前期の生まれであろう。そうだとするなら、若いころは木戸銭を取る舞台で踊っていたのかもしれない。

昭和二十年代には、女谷と折居に三〇人を超す箕職人がいた。これだけでも両集落は箕作り村だったといえるが、その前にはもっと多かった可能性もある。そうして、ここは役者村でもあった。古い時代には、大野さんのように二つの職能を兼ねる者も少なくなかったのではないか。

それが、どんな意味をもつのかについては長い説明がいる。ここでは、とてもそれだけの紙幅がないので、いまは漂泊と差別という視点のみを取上げておきたい。中・近世の芸能者が広い範囲を歩きまわる一種の漂浪生活者であり、また差別・賤視の対象であったことにはすでに触れた。これは、いわば常識に近い周知の事実であろう。

ところが、箕作り職人にも全く同じことがいえるのである。箕の製作を生業とする集団には、大正から昭和の初期になっても各地を転々とする非定住民がいくらでもいて、中には無籍の者も珍しくなかった。この辺のことになると、本当かと首をかしげる向きも少なくあるまい。もし、その実態について興味をお持ちの方がいたら、拙著『漂泊の民サンカを追って』や『サンカの起源』などを参照していただくと幸いである。

9　職能民の来村伝説

高橋義宗氏の『鵜川の話』によると、「徳川中期のころ、京都の寺侍茂田茂太夫という狂言師が夫婦で落ち延びて来て」女谷に綾子舞いを伝えたとの伝説があることは、すでに述べた。茂太夫は、屋号道正《どうしょう》家（本姓高橋氏）の養子になったといい、伝説は女谷字下野の特定の家との関係を語り継いでいる。その一二代目の高橋時中さんは昭和十六年、芸能史研究者らを招いた地元での綾子舞い公演の際、囃子舞いの一曲「亀の舞い」と狂言「海老すくい」を演じた人物である。そうして前記のとおり、同じ下野の大野重作さんが「小原木踊り」をおどっている。

一方、『鵜川の話』には箕について次のような伝承が語られている。

〈江戸時代の中期のころであると思われますが、信州（長野）から駆け落ちをしてきたという若い二人の男女が、はるばると鵜川の里にやって来ました。（中略）ひとまず宿として落ち着いた家が餅粮の草分けといわれるよごえんさんでありました〉

その「よごえん」家から餅粮の各家に箕作りが広まったというのである。餅粮のかつての三五戸のうち、昭和になって移住してきた二戸を除く全戸が高橋姓であり、村内ではずっと屋号を用いていた。それはともかく、箕作りの伝来でも特定の家とのつながりが記憶されていたことになる。そこには伝説にありがちの曖昧さがない。これは、ある程度、事実を反映しているからではないか。

餅粮の小西家（これも屋号である）には、天保十三年（一八四二）に書かれた綾子舞いの歌詞の本「おど里乃うた」が残っていた。これは練習用で、すなわち村人が同家に集まって日夜、歌詞をおぼえていたのである。先の「よごえん」家には、みなが練習する踊り場があったということである。そのようにして、江戸興行などにそなえていたのであろう。

右から考えて、女谷の下野も折居の餅粮も幕末から明治初期のころまで、綾子舞いと箕作りを重要な生業としていたことは間違いあるまい。両集落は、ほんの一キロほどしか離れていない。ほとんど一体の地域である。ここに芸能と細工の職能民集団が、どこかからやってきて定住したのだと思われる。両者は実は一つの集団であったかもしれず、少なくとも密接な連絡はあったろう。

職能民の集団が複数の職能によって生計を支えていた例は多いというより、むしろそれが普通であった。これも、少なくとも一部の民俗研究者にとっては、常識ともいえる知識である。いまは、そのほんの数例を挙げるだけの余裕しかない。

静岡県下田市箕作《みつくり》は、その名称からわかるように箕作り職人が定住したためにできた村だと思われる。ここでは箕作りと砥石作り、およびその行商が第二次大戦後まで主要な生業であった。地内の米山に砥石産地があり、それを発見したことが定住のきっかけになった可能性が高い。彼らが米山薬師観音堂を築いて薬師観音を信仰していたことから、新潟県柏崎市西端の米山に祀られる米山薬師と深くかかわっていたことは確実である。つまり、漂泊の宗教者の一面ももっていた。(増補第九章参照)

滋賀県栗東《りっとう》市辻は、おそらく日本でもっとも著名な鋳物師《いもじ》の村の一つであった。その住民はきわめて活動的で、江戸をはじめ関東一円から中部、東北地方にまで進出し、そこに定住した場合も少なくなかった。ところが、ここは箕作り村でもあったのである。二つの職能とも戦後までつづいていた。

愛知県豊田市乙ヶ林《おかばやし》町と隣の三ツ久保町は、かつて箕作りと歌舞伎興行を渡世にしていた。平成十五年四月、わたしが乙ヶ林で会った池野昭夫さん(当時、七〇すぎくらいであった)は、

「箕をやる人は、歌舞伎もやっていた。歌舞伎は親から強制されることが多かった」

と話していた。

乙ヶ林の西一・五キロほどの山中に「猿楽《さるがく》」の小地名があるが、これはたぶん偶然ではないと思う。猿楽は現今の能・狂言に当たる芸能である。この地名は各地にときどきあって、猿楽芸人の定住によって付いたとしか解釈しようがあるまい。

高知県土佐市のある被差別部落には、猿楽と金屋《かなや》の小地名が隣接して存在する。金屋は金

属技術者のことで、ここの場合は鋳物師を指していたようである。同部落は、江戸時代を通じ土佐ではもっとも有力というより、ほとんど唯一の鋳物師の集住地だったからである。一六世紀末に成立した『長宗我部地検帳』には、右の二つの地名と隣り合う場所について「本《もと》コジキ居《おり》候故《ゆえ》、大帳ニハなし」と記されている。「大帳」は地検帳の前に作られた土地台帳のことだが、すでに失われて内容は全く伝わっていない。とにかく、川べりのその一帯には中世、いくつかの職能の被差別集団が集まり住んでいたことがわかる。いや、彼らは実は一つの集団を形成していた可能性が高いのである。

大久保長安《ながやす》は江戸初期の金山奉行で、徳川家康に仕え諸国の金山、銀山の開発に当たった人物である。鉱山に関する深い知識と技術をもっていたと思われるが、父親は猿楽師であった。

柳田國男『毛坊主考』によると、いまの栃木県足利市には嘉永元年（一八四八）当時、一六戸の鉦打《かねうち》が暮らしている地域があった。そのあたりでは「鉦打の七変化」ということを語り、彼らは鋳《い》掛《かけ》屋、飴屋、祈禱札売り、箍《たが》屋などを兼ねていた。鉦打は銅製の鉦を首にかけ、それを打ちつつ念仏踊りをおどって金品を乞い歩いた一種の乞食坊主である。

右に紹介したわずかな事例からも推測されるように、女谷や折居に綾子舞いを伝えた集団が同時に箕作りの技術を持ち込んでいたとしても少しも不思議ではない。むしろ、そう考える方が自然ではないか。仮に別集団であったとしても、互いのあいだに連絡があった可能性は十分にある。彼らは一般社会から排斥されることが多く、そのために相互扶助を必要としていたからである。

平成16年8月5日、福島県会津若松市河東町広野の八葉寺に奉納された念仏踊り。

いずれであれ、最初に鵜川に現れたのは、ごく少数であったろう。伝説が語るように、夫婦二人であったかもしれない。どんないきさつによってか、彼らは村に住むことが許される。そのあと少しずつ仲間がつづいたに違いない。彼らが身につけていた二つの職能が村にとって有益であったことが、その定住に役立ったはずである。

それがいつのことかわからないが、綾子舞いに関しては江戸初期よりのちであることは、はっきりしている。鵜川はちょうどそのころ、盛んに新田開発を進めていた。先鞭をつけた者たちは、あるいはその労働者として来村したこともありえると思う。

第五章　大分県「青の洞門」の虚と実

1　『恩讐の彼方に』

小説家、菊池寛（一八八八―一九四八年）が『恩讐の彼方に』を発表したのは、大正八年（一九一九）一月発行の雑誌『中央公論』誌上であった。

この短編は周知のように、現在の大分県中津市本耶馬溪《ほんやばけい》町の「青の洞門」開鑿にまつわるいきさつを小説化した作品である。同じ主題の物語は早く、同十二年の「尋常小学国語読本」にも取上げられており、また洞門一帯は著名な観光名所でもあるから、開鑿の経緯を知る人は少なくあるまい。ただ本章の話を進めるため『恩讐の彼方に』を、わたしの理解なりに要約しておきたい。

「小説の主人公、市九郎は軽格の武士であったが、仕えていた江戸・浅草の旗本、中川三郎兵衛の愛妾お弓と不義の仲となる。それが主人にばれて手打ちにされそうになったとき、そ

現在の青の洞門。左側に見えるのは山国川である。

の場の勢いのおもむくまま逆に主人を殺してしまい、お弓ともども江戸を逐電する。

二人の路銀はすぐに尽き、初めは強請《ゆすり》や強盗をはたらいていたが、やがて中山道の鳥居峠すなわち現在の長野県塩尻市と同県木祖村との境の峠で茶店を開く。そうして、ここを通り過ぎる旅人のうち、金のありそうな者を狙っては殺害し、それで生活を支えていた。あるとき信州の豪農の若夫婦を、いつものやり方で斬り殺して金と衣類を奪った。ところが、市九郎は犯行のあと動転したらしく、女が頭に挿していた高価な櫛と笄《こうがい》を持ち去ることを忘れて帰ってくる。それに気づいたお弓は市九郎を激しくなじって、死んだ女が頭に残しているはずのものを自ら取りに行く。その浅ましさに、市九郎はお弓が心底いやになり、茶店から逃げ出す。

市九郎は、お弓忘れたさにひたすら南へ駆けつづけ、翌日の昼すぎ美濃国大垣の真言宗、浄願寺へ飛び込む。ここで明遍上人に罪を打ち明け、自首したいと訴える。しかし上人から『それも一法じゃが、それより仏道に帰依して衆生済度に命をかけてみたらどうじゃ』と教化される。

市九郎は即座に出家を決意し、『了海』の法名を得て厳しい修行に明け暮れる。半年ほどのち、市九郎は自分の道心が定まって、もはや動かぬことを自覚、師の許しのもと諸国雲水の旅に出る。京都、中国地方をへて享保九年（一七二四）、九州に渡る。八月のある日、現大分県中津市本耶馬溪町樋田に着いた。彼は、さらに山国川をさかのぼって、この地の名刹、羅漢寺を目指していた。

樋田の駅を出はずれてほどなく、道のそばに数人の農夫が集まって騒いでいた。近づくと、体のあちこちの皮肉が破れた死者が横たわっている。聞けば、そこから五〇メートル余り上流に『鎖《くさり》渡し』という交通の難所があり、死んだ男は通行中、連れていた馬が暴れたため一五メートルほどの断崖から転げ落ちたとのことであった。

鎖渡しは、樋田と羅漢寺方面とを結ぶ山国川右岸（東岸）沿いの道が、『絶壁に絶たれ、その絶壁の中腹を、松、杉などの丸太を、鎖で連ねた桟道《さんどう》が、危げに伝っている』ところであった。そこを通る人びとが『一年に三四人、多ければ十人も、思わぬ憂目《うきめ》を見ることがある。無双の難所故《ゆえ》に、雨風に桟《かけはし》が朽ちても、修繕も思うに委せぬのじゃ』と農夫が話すのを聞き、市九郎は『自分が求め歩いたものが、漸くここで見付かった』と思った。彼は断崖の下に隧道《ずいどう》を掘って、通行の安全をはかる決心をしたのである。

彼は、ただちに行動を起こした。羅漢寺の宿坊に泊まりながら、川沿いの村々に隧道掘削への寄進を訴えたのだった。しかし、風来僧の言葉に耳を貸す者はいなかった。『三町（三〇〇メートル強）をもこえる大盤石を掘りぬけるはずがない』『金を集めるための大騙《おおかた》りじゃ』というのである。

市九郎は勧進のむなしいことを知ると奮然とし、独力でこの大業に当たることを決断、『気が狂ったか』のあざけりを受けながら日夜、絶壁の岩に鑿《のみ》を打ち込みつづける。来る日も来る日も、空腹を感ずれば近郷を托鉢し、腹満つれば岩に向かって一年、絶壁の一端に深さ三メートルほどの洞窟がうがたれていた。だが相変わらず、だれもが冷笑するばかりだった。二年たち、三年たち、満四年が過ぎたとき深さは一五メートルに達していた。里人は市九郎の熱心に驚きはしたものの、やはり合力しようとする者は現れない。

九年目の終りに穴が四〇メートルをはかったころ、人びとは市九郎の事業の可能性に気づく。彼らの寄進によって数人の石工が雇われ、市九郎の作業を助けることになったのである。ところが、翌年になっても深さが全体の四分の一にも届いていないことがわかると、里人は再び市九郎から離れてしまう。彼はまた、もとの一人きりになって大岩壁に向かうことになる。十八年目の終り、穴が半分に達したところで、村人の協力が再開される。今度は前とは段違いの三十人近い石工が集められ、作業はどんどん進んでいく。

あと二年もたてば貫通という年のある日、市九郎の前に、かつての主人の実子、中川実之助が姿を現す。実之助は父の仇をさがして八年間、各地を放浪のすえ市九郎のもとへたどり着いたのだった。『了海とやら、もはや逃れぬところと覚悟せよ』との実之助の言葉に、市九郎は『父上を打って立退いた者、この了海に相違ございませぬ。いざ、お斬りなされい』と答えて、すでに見えなくなっていた眼をしばたたかせる。長年の洞窟内での労働で、市九郎は視力を失っていたのである。

実之助が刀を抜こうとしたとき、奥から石工たちが駆けつけて身を挺しながら『了海さまは、いまや出家の身であるうえ、この山国谷七郷の者にとっては菩薩の再来とも仰がれる方じゃ』と言って、市九郎の体には指一本も触れさせない勢いを見せる。実之助は、それでも刀の鞘を払うが、そこで石工の統領から洞門が完成するまで『了海さまのお命を、我らに預けて下さらぬか』と哀願される。石工たちの『ことわりじゃ、ことわりじゃ』の声に押され、また了海の衰えはてた姿にも打たれて、実之助は統領の申し出を受け入れる。

五日目の晩、実之助は思いなおして了海を討とうとし深夜、洞窟へ忍び入る。奥から聞こえてくる音をたよりに進んでいくと、ひたすら岩壁に向かって鉄槌を振るいつづける了海がいた。その獣のごとき姿に実之助は思わず戦慄を覚え、やはり約束の日まで待つことにする。そのうち、ただ漫然と日を過ごすより自分も手伝った方が期日が早く来ることに気づき、了海とともに作業に当たることにした。

了海が掘削に着手して二十一年目、実之助が洞門に来て一年半後、ついに穴は貫通する。『いざ、実之助殿、約束の日じゃ。お断りなされい』。了海のしわがれた声が洞窟に響きわたったが、実之助はすでに相手を殺す気など全く失っていた」

2　洞門の今昔

『恩讐の彼方に』は小説であり、事実をそのままなぞらえたものではない。

とくに主人公、市九郎の前歴については、菊池寛の創作によるところが大きい。たしかに市九郎が仕えていた主人を殺害したとする資料は存在するが、それはずっと後世の成立で信憑性は高くないとされている。中山道鳥居峠にかまえた茶店を足場に、金のありそうな旅人を襲っては金品を奪っていたとする点になると、それを裏づける伝承さえ全く知られていない。つまり、このあたりは虚構ということになるが、それで作品の価値がそこなわれることは、もちろんない。本章ではただ、広く人口に膾炙したこの話が、どんな史実をもとに出来上がったのか調べてみようとしているだけのことである。その第一歩として、まず「青の洞門」とは元来どのようなものであったのか、どういう変遷をへて今日の姿になったのかを取上げることにしたい。

現在の洞門は、もととほぼ同じ場所にあって南北二本のトンネルからなっている。長さは南側が一二〇メートルくらい、北側が七〇メートルほどである。そのあいだの七〇メートルばかりは、いったん外へ出ている。ここを通る道路は、いまも地元の人びとや観光客らが日常的に使っており、往来はかなり激しい。ただし、トンネル内では車がすれ違えないから、両方の口に設けた信号によって交互通行することになっている。

その車道と平行して歩道が付いている。歩道には、洞門ができた当時のままの部分が保存されていたり、そのころの明かり窓が残っていて旧状をしのぶことができる。明かり窓から外をのぞくと、すぐ目の下に山国川の水面が迫っている。洞門は薄皮一枚を隔てるようにして、崖ぎわぎりぎりに掘られていたのである。その大きさは、人が荷を負った牛馬を連れて通れるくらいであり、もちろん現今の自動車は入れなかった。

洞門には、これまで度々改修が加えられている。早く天保九年（一八三八）には地元、曾木村の長七という者が補修を願い出ているが、その様相が決定的に変わったのは明治三十九年（一九〇六）から翌年にかけて、陸軍が行った拡張工事を境にしてであった。陸軍は現中津市方面と、いまも陸上自衛隊日出生台《ひじゅうだい》演習場がある玖珠《くす》郡玖珠町東部を中心に広がる日出

明治末年当時の青の洞門。荷馬車がすれ違えるくらいになっていた。『耶馬溪写真帖』より。

生台とのあいだを軍用道路として利用することにし、その途中の洞門を大幅に広げたのである。

その直後の様子は、明治四十四年に初版が出た広津藤作著『耶馬溪写真帖』によって一端をうかがうことができる。それを見ると、道もトンネルもトラックが通れるだけの幅、高さになっていることがわかる。しかし、道路は舗装されておらず、トンネルの壁にはコンクリートが塗られていない。全体の見た目も、現在とはかなり違っている。洞門が、いまの姿にぐっと近づいたのは、昭和十年代の日中戦争から太平洋戦争にかけての時代だったようである。おそらく日出生台が明治以後、一貫して陸軍の重要な演習場であったことと関係しているのではないか。

以上は、近代に入ってのごく大ざっぱな変遷だが、江戸時代における洞門のありさまは実はよくわからない。完成時期も、その一つである。天明三年（一七八三）にここを通った地理学者・蘭医、古川古松軒の『西遊雑記』は「今年より四十年以前」としている。当時の数え方では昨年は二年前、一昨年は三年前になる。古松軒の言葉どおりに受け取ると、「四十年以前」は延享元年（一七四四）である。

一方、文化十年（一八一三）に洞門のあたりを通過した現宮崎市佐土原町（旧宮崎郡佐土原町）の修験者、野田泉光院の『日本九峰修行日記』では「文化年中より凡《およ》そ八九十年前なり」となっている。曖昧な書き方だが、文化十年をもとにすれば享保九年（一七二四）から同十九年にかけてのころになる。

また、大正元年（一九一二）成立の山本艸堂《そうどう》編『下毛《しもげ》郡史』は、寛延三年（一七五〇）の完成と書いている。要するに正確にはわからないが、一八世紀の四〇年代ごろと考えて大過あるまい。

規模については、ほぼ同時代の成立といえる『西遊雑記』の「東の穴道百二十余間、高さ一丈横幅九尺、所々にあかりとりの窓を明け、通行のなるやうにせし道なり。西の穴道は僅《わずか》に三間ばかり」に従っておきたい。一間は六尺で一・八メートル強、一丈は約三メートル、九尺は約二・七メートルである。すなわち、東側（正しくは南南東）の長さが二二〇メートル、西側（同じく北北西）が五・四メートルくらいだったことになる。高さは三メートル、幅は二・七メートルほどであった。

なお、『西遊雑記』『日本九峰修行日記』とも洞門を「穴道《あなみち》」と呼んでいる。これがおそらく当初の名前で、その後、「樋田の刳貫《くりぬき》」の呼び方が一般的になっていたようである。樋田は洞門の北半分が属する村の名で、南半分は曾木村にかかっていた。

それが現在のような「青の洞門」に変わったのは、明治の末年ごろであったと思われる。明治四十四年に出版された前記『耶馬溪写真帖』では、もっぱら「青の洞門」の名を用いている。青は曾木村の集落名で、羅漢寺方面から流れてきた跡田川が本流の山国川に合するあたりの山国川右岸に位置している。洞門の南端から五〇〇メートルほどしか離れていない。

3　もとは、どこを通っていたか

中津市街と日田市街を南北に結ぶ日田街道（国道212号）の、中津側つまり北半分はほぼ山国川に沿って走っている。そうして山国川沿いでは、なぜかほとんどの区間が右岸（東岸）を縫っているのである。青の洞門は、そのあいだの中間あたりに位置している。

現在の国道は洞門を避けて、その部分は対岸へ渡っているが、かつての日田街道は右岸に沿っていたのだろう。だから、わざわざ岩盤をくりぬいたのである。右岸にこだわったのは、一つには参詣客の多い羅漢寺の存在があったためかもしれない。また、山国川より東側は耕地が豊かで、村落が発達していたことも理由として考えられる。いずれにせよ、昔の人びとは右岸側を利用しつづけていたのである。

洞門の対岸一帯は土地が平坦で、いまそうしているように橋を二本かければ岩壁は迂回できる。洞門の掘削に着手した江戸時代中期にそれをしなかったのは、橋二本の建設費用の問題があったことは間違いあるまい。しかし、より大きな原因は橋の流失をおもんぱかったからではないか。架橋の技術は、もちろんあった。だが、洪水時に流失を防ぐ術《すべ》がなかったのである。九州にかぎらず雨量の多い地域では、しばしば数年ごとに橋が流されていた。わたし自身も昭和二十年代から三十年代にかけて、郷里高知で近くの木橋が洪水のたびごとに失われるか、しばらく使えないほど損壊されるのを何度も目撃したことがある。

洞門ができる前、この難所を抜ける道は二つあったようである。絶壁の上に出て山中をたどるルートと、山国川の河原を歩くルートである。『恩讐の彼方に』をはじめ、洞門掘削の物語が扱っているのは前者が多い。これについてはのちに取上げることにして、まず河原の道に触れておきたい。

昭和十四年（一九三九）に「青」で生まれ、いまもここで暮らしている稲留和彦さん（中津市文化財調査委員）によると、半世紀ほど前まで河原の道の跡ははっきり残っていたという。これだと崖から転落の恐れはないわけだが、必ずしも歩きやすくはなかった。それに、川がちょっと増水すると水没してしまう。一七世紀末、下流五〇〇メートルばかりに完成した農業用の取水堰「荒瀬井手」によって上流側の水位が上昇、これが河原の道を放棄させたとする資料も存在する。しかし、稲留さんは上昇はたいした高さではないとして、その指摘には疑問を覚えているようである。いずれであれ、いつでも使える道でなかったことは確かであろう。

一方の崖上の道については、どんなものであったのか今ひとつ明確でない。それを「鎖渡

青の洞門付近の地形図。国土地理院５万分の１図「中津」「耶馬溪」より。
南北に山国川が流れる。

し」とか「鎖戸《くさりど》」と呼んでいたことは、どうやら間違いないらしい。菊池寛が「絶壁の中腹を、松、杉などの丸太を、鎖で連ねた桟道《さんどう》」が伝っていたと書いたのも、結局その名称からではなかったか。『下毛郡史』も同様に「桟道」であったとしている。

桟道は「かけはし」ともいい、普通の橋が川の両岸をつないでいるのに対し、川と平行に川岸に沿ってかかった足場のような構造物である。建設中のビルの壁面に渡した足場に似たつくりで、踏み外せば水面まで落下することになる。小説で転げ落ちて死んだ男の皮肉が破れていたとなっているのも、そのような構造を想起してのことであろう。

たしかに、青の洞門の上にそびえる崖は垂直に近く、それがいきなり山国川に面している。この中腹に架けた桟道から転落したら、河原に叩きつけられるに違いない。しかし、この難所を通過するのに、わざわざそんな危険なところを横切る必要はないはずである。崖のうしろへまわって、尾根筋を歩いていけばよいからである。現に、そういう道は昔からあり、いまも山歩きや観光の人びとがよく行き来している。そうして、これが洞門貫通までの二つのルートの一つ、崖上の道であったと考えられる。

それでは、なぜそこを鎖渡しとか鎖戸といっていたのだろうか。その道には、実は主要ルートのほかに何本かの枝道が付いている。そのうちの一本は、たしかに絶壁の中腹を横切っており、転落を防ぐため壁側の手すりのような位置に鎖が張られている。まさしく鎖渡しであり、鎖戸である。ちなみに「戸《と》」はおそらく「処《と》」の当て字で、鎖戸は「鎖が付いた場所」の意だと思われる。

いまは一部が崩落したため通行禁止になっているが、二〇年ほど前までは通ることができたし、その方向を示す案内板は残っている。このいかにも危なっかしい道は、現在でも洞門横の駐車場からも見える。洞門が完成したあと、ここを通過した旅人も仰ぎ見ていたことだろう。そうして、それが昔の通路だと考えたらしいことは想像に難くない。また、それゆえ「岩壁中腹の桟道」という思い込みも生まれたに違いない。しかし、そこは一般人が通る道ではなかった。修験道の行者が修行用に、わざわざ作っていたのである。普通の通行人が利用していたのは、あくまで崖のうしろの尾根筋の道であった。

4　競秀峰《きょうしゅうほう》の道

青の洞門の上に連なる奇岩絶壁の山々は、現在では「競秀峰」と呼ばれている。これは宝暦十三年（一七六三）、この地を訪れた江戸浅草・浅草寺の金龍和尚の命名によるもので、もとからの名ではない。元来は、おそらく「帯岩」といっていた。連峰の中央あたりの岩山に、地層の違いから白っぽい帯のような横線が走っており、それが由来となったのである。だからもともとは、その山だけを指していたはずだが、いつのころからか全体の呼び名になったのだと思われる。国土地理院の地形図でも帯岩としている。

ついでながら、この一帯の景勝地を「耶馬溪」と総称するが、これも文政元年（一八一八）、幕末の歴史家、頼山陽が自作の水墨画に添えた漢詩で、そう表現して以来のことである。当時は洞門の下流三キロほどの山国川沿いの景観だけを指していた。それが時代の経過とともにどんどん拡大され、いまでは何十キロも離れたところも含め、あちこちの風光明媚な観光地が耶馬溪を称している。地図を眺めていると、近隣ぢゅうにその文字を見出すことだろう。耶馬溪は、山陽が「山国川の渓谷」の意で用いた漢字だから、本来は「やまけい」と読ませるつもりだったろうが、遅くとも明治末ごろにはもっぱら「やばけい」というようになっていた。

話を競秀峰にもどすと、この連峰はほぼ南北に細長く、長さは八〇〇メートルたらずである。何度も記したように、山国川に面した西側がところどころで垂直に近い岩壁をなしているが、水面との比高差は最大でも一〇〇メートルに満たない。岩壁のうしろ（東側）に道が付いていることも、すでに述べたとおりである。

道の途中には北から一の峰、二の峰、三の峰、恵比寿岩、鬼面岩、妙見窟、梵字窟、不動窟、清水洞、陣の岩などの名が付いている。また、枝道の突端は何ヵ所かで行き止まりになっており、その下は数十メートルの絶壁である。それは、奈良県吉野郡天川村にある大峰山中の著名な修験の行場「西の覗《のぞ》き」に似ている。西の覗きも、二〇〇メートルを超すといわれる絶壁上の突端の岩場で、そこから眼下をのぞくことが修験の捨身行だとされているのである。ただし、今日では周知のように、その行は腰に太いロープを巻いて崖の先端へはっていくものになっている。鎖渡しも同様の行場であった。

右の事実によって、競秀峰が山伏の修行の場であったことは明らかであろう。しかも、その歴史はきわめて古い。ルート中の最高所、妙見窟には妙見菩薩像三体、男女神像二体、如

競秀峰の絶壁。山国川に面して垂直の岩が連なっている。

来立像一体があって、いまはそばに建てられた妙見堂に安置されている。これらは平安末か鎌倉初期の作とみられており、八〇〇年ほど前のものである。つまり、この地の修験道は遅くとも、そのころには始まっていたことになる。

このルートの主要道は一般の人びとも利用していたはずで、それがすなわち日田街道の一部をなしていたろう。枝道の、例えば鎖渡しなどは、牛馬を連れた通行人が利用する気にはなれまいが、そんなことをしなくても絶壁はちゃんと越せたのである。その道はたしかにアップダウンがはげしいとはいえ、江戸期の山越え道としては、とくに険しかったわけでもなさそうである。

古川古松軒は『西遊雑記』に「嶮山、川にお丶ひて通行すべきみちなかりし所」と書き残しているが、古松軒は鎖渡しなどを下から仰ぎ見ただけではなかったか。注目すべきは、野田泉光院の『日本九峰修行日記』に「先年、洪水の時、此川《この》を渡り多く流死の者有り、因て《よつ》斯《こ》の新道を拵《こし》らへたりと云ふ」と見えていることである。岩壁の桟道から落ちて死ぬ者がいたからというより、下の河原の道を通っていて増水した川に流されて死者が出たことをきっかけに洞門建設が計画されたとしていることになる。

泉光院の記述に全幅の信頼を置くことには問題が残るにしても、このくだりが正しいとすると、河原の道が崖の道より労力と時間の節約になるため、より多くの人が下を歩いていたといえそうである。

いずれであれ、一般の通行人が岩壁中腹の桟道から山国川の河原に転落して死ぬことなど、まずなかったのではないか。

5 禅海とは、どんな人物であったか

『恩讐の彼方に』の主人公、了海は資料には「善海」「禅海」「禅了海」などの名で現れる。菊池寛が、洞門の掘削に着手した人物を「了海」としたのは、禅了海を禅僧の了海の意にとったからではないかと思われる。今日では、どの著作物も「禅海」を用いているので、本書もそれにしたがっておきたい。

禅海についてわかっていることは、実はほとんどない。天明三年（一七八三）、現地の人から聞取った話を記録した『西遊雑記』は「江戸浅草辺の六十六部」であったとしており、

文化十年（一八一三）の見聞にもとづく『日本九峰修行日記』では「回国修行者」となっている。

六十六部は略称を六部といい、日本六十六ヵ国をまわって、それぞれの土地の著名な寺社に法華経一部を奉納することを目的にして歩いた巡礼者のことである。背中に、長さ一メートルを超すくらいの縦長の箱のような笈《おい》を負い、その中に書写した法華経や旅道具などを入れていた。長期の旅行をするのだから金がいる。鉦を叩いたり、鈴を振ったりしながら、家

江戸時代中期の六十六部。長谷川光信画『絵本御伽品鑑（おとぎしなかがみ）』（1730年）より。

ごとに米銭を乞うことも多かった。また、しばしば一般民家に宿を求める者もいた。結局、乞食旅、無銭旅行に近くなる。そうなると、回国巡礼を名目に六十六部の格好をして身過ぎ世過ぎの手段とする者が出てくることは避けられない。そのため時代、地域によっては乞食の別称のように考えられる場合もあった。

回国修行者も、これに近い。というより、六部もその一種であったろう。ただし、そう呼ぶ方がもっと適当な人びとがいた。修験者（山伏）や修行僧である。彼らも各地を巡っては霊山や聖地、寺院を訪ねて歩いたが、その際の托鉢、登山あるいは旅そのものを修行と考えたのである。『日本九峰修行日記』の著者、野田泉光院も京都・醍醐寺三宝院を本山とする当山派の山伏であった。

泉光院の日記によると、江戸時代には各地を旅する六十六部や回国修行者は、現代人には想像しにくいほど多かったらしい。泉光院は至るところで彼らと出会い、話をし、同宿している。旅先の住民たちは、ときにそのような本物あるいは偽物の宗教者にうさんくさい視線を向けながらも、だれかしらが無料の宿を提供し、ささやかであるにせよ金や食べ物をほどこすことが珍しくなかったようである。

禅海が回国修行者であったことは、まず疑いない。青の洞門が完成後、その近くで後半生を過ごしたあと、晩年は羅漢寺境内へ移って小庵を結び、そこで没したことも事実であろう。だが、ここにたどり着くまでの禅海の経歴について、確実なことは何もわかっていないといえる。

ただし、既述の山本艸堂編『下毛郡史』（一九一二年成立）は「傑僧禅了海」と題した一項をもうけ、六ページ余にわたって禅海の生涯に言及している。同書は禅海をたぶんに理想化しすぎているうえ、記述が不自然に詳細な部分が多く、また何を出典にしたのかにも触れていない。洞門の貫通後、一世紀半以上をへた執筆であることと合わせ信憑性にいささかの疑問を覚えるが、かといって内容を否定する資料が知られているわけでもない。それで次に、ひととおりの要約をしておきたい。

「禅海は出家前の俗名を一九郎といい貞享四年（一六八七）、越後国（新潟県）山中村の庄屋、福原勘太夫の長男として生まれ、江戸に出て浅草の旗本、中川四郎兵衛の中間《ちゅうげん》になった。

一九郎はほどなく四郎兵衛の妻お信と不義の仲となり、二人は共謀して四郎兵衛を暗殺、百余両を奪って江戸を逐電した。一九郎は三〇歳、お信は二五歳であった。二人は紀州（和歌山県）まで落ちのびたあと六十六部に姿を変え、徳島―琴平（香川県）―宇和島（愛媛県）をへて豊後（大分県）へ渡る。お信は逃亡四年目に病死し、一九郎は湯布院（大分県）の龍雲山興禅院の雲照和尚に勧められて出家する。

その後、鎖戸開鑿の大願を発し、中津藩主奥平昌春に諸国奉加を願い出る。樋田のほとりに庵をかまえ、九州一円をめぐって喜捨をつのってから石工岩野平右衛門を棟梁として掘削に着手する。享保六年（一七二一）のことであった。

工事が八分どおり完成したとき、中川四郎兵衛の一子、実之助が仇討ちに現れる。禅海は泣いて三ヵ年の猶予を請うた。そのうち実之助は禅海の人格に感服し、また跡田村庄屋と柿坂善正寺住職の調停で仇討ちを断念、江戸へ帰ってしまう。

寛延三年（一七五〇）八月、工事はついに完成する。禅海は六四歳になっていた。以来、樋田の里で暮らしつづけ、安永三年（一七七四）に八八歳をもって永眠した。

禅海は生前、父母と自分の供養のため、集めた寄付の残り田地一町余と銀二貫目を羅漢寺に納めている」

6　洞門掘削の動機

『下毛郡史』が記す禅海の伝記中、もっとも不審な点は禅海の主人殺しである。

江戸時代、主《しゅ》殺しは大罪であった。しかも禅海は、主人の妻女と密通している。二重の重罪である。当時の法秩序のもとで、どんな事情があれ、このようなことが免罪される可能性がありえたのか大きな疑問を覚えないではいられない。

たしかに、洞門の開鑿は地元住民にも旅人にも計り知れない便利をもたらしたろう。それは中津藩にとっても、少なからぬ利益であった。しかし、仮に藩主が禅海の罪を許してよいと考えたとしても、それを幕府が認めたかどうか。主殺しや主人の妻との姦通に厳罰を下すことは、封建秩序の維持には欠かせない鉄則だったはずであり、たかが一人の男のために幕府が遠い九州の一地方の事情を調査したり、斟酌したりすることなど想像しにくいように思える。

さらに、この話は江戸期の人物の筆になる青の洞門の代表的な紹介記録である『西遊雑記』にも『日本九峰修行日記』にも見えない。これは当時、禅海の主殺しのことなど、地元では語られていなかったからだと考えるのが合理的であろう。

それではなぜ、のちにそういう物語が生まれたのだろうか。おそらく、禅海を「郷土に尽くした偉人」としてたたえようとする動きとつながっている。禅海を偶像化するには、少なくとも掘削初期のころ周囲の黙殺、非協力にもかかわらず、ほとんど独力で大岩壁に立ち向かったとする方が都合がよい。そんな無謀な試みにはしる人物には、何か重大な隠れた動機があれば、その行為がより自然に感じられる。おおよそ、そういうような理由によると思われる。『恩讐の彼方に』が、中山道鳥居峠での旅人殺害を付加したのも、その辺をいっそう強調したかったからに違いない。

だが、そもそも禅海は「衆生済度」のためだけに洞門掘削に乗り出したわけではないらしい。『西遊雑記』には「夫《それ》（洞門の完成後＝引用者）より此《この》穴道を往来せるは一人にて四文、牛馬は八文もとりし事にて、善海坊後《のち》には金の百両斗《ばか》りも集て、羅漢寺におゐて死せしと土人物語りぬ」と見えているからである。洞門ができたあと通行料を徴収していたことになる。古川古松軒の文章からは、禅海の仕事を無私の大業とは考えていなかったようなふしがうかがえる。

禅海には好意的な『下毛郡史』も、禅海が生前、父母と自分の供養のため（おそらく勧進によって集めた）寄付の残りの田地一町余と銀二貫目を羅漢寺に奉納したとしている。これも考えてみれば、おかしな話ではないだろうか。いまなら公私混同とでもいって、大騒ぎになったかもしれない。

禅海が一人で鑿を振るった時期があったのかも、かなり疑わしい。『西遊雑記』は「山の穿抜《ほりぬき》やすき事を見、此近郷を勧化《かんげ》し石工を雇ひ」と述べ、『下毛郡史』は「九州をめぐって奉加を集め、石工岩野平右衛門を棟梁として掘削に着手した」旨を記している。もしそのとおりなら、最初から一人で岩盤に向かうことなど考えていなかったことになる。

そうだとすると、『下毛郡史』が洞門の完成には、享保六年（一七二一）から寛延三年（一七五〇）まで三〇年を要したとしていることも、額面どおりには受け取れないのではないか。洞門の当初の長さは二二〇メートルほどであったとされている。仮にもう少し長かったとしても、一年に一〇メートルも掘れば貫通させられる。しかも穴は両側どころか、中途に開けた明かり窓のあたりからも両方向に掘り進んだようなので、少なくとも四ヵ所で石工たちが鑿を振るっていたと思われる。

洞門上の岩壁は集塊岩すなわち火山灰と火山礫の堆積によって生じた岩で、比較的やわらかい。大分県をはじめ九州には、そのような岩を彫って作った大小の仏像や石風呂（古墳の石室のような格好の蒸し風呂）が多く残っている。また、切り出した石を利用した橋や導水橋が至るところにあった。つまり、石の扱いに長じた石工たちが豊富にいた。

彼らが四ヵ所の現場に、それぞれ何人かでかかれば、年に合わせて一〇メートルくらい掘り進むことなど何でもなかったろう。というより、その程度の掘削距離にとどまったとは思えない。もし、一〇人か二〇人の石工が工事に従っていたとすれば、せいぜい数年で掘りぬ

禅海が最晩年を過ごした羅漢寺入り口の山門。

いていたのではないか。

7　禅海は勧進聖《かんじんひじり》であった

「勧進」という言葉がある。元来は仏道を人にすすめることを意味していた。それから転じて寺社や仏像などの建立、修繕のために人びとから金品をつのることを指すようになった。平安時代の終わりごろからは、もっぱら後者の義になっていたらしい。さらに時代が下ると、金もうけや物乞いに対しても使われるようになる。

勧進聖は、寺社・仏像の建立・修理のみならず、溜め池の造営、港の建設、架橋など衆生済度のため多数の人びとから浄財を集めて歩いた宗教者、とくに仏僧のことである。奈良東大寺の大仏造営を主導した奈良時代の僧行基（六六八―七四九年）は、わが国で最初期の、かつもっとも著名な勧進聖であった。行基は大仏のほか溜め池、港、橋などを各地に作っているが、その費用の相当部分、場合によってはほとんどを勧進によって得ていたようである。

東大寺は治承四年（一一八〇）、平重衡《しげひら》の兵火をこうむって堂舎の大部分を消失、大仏も頭部を中心にひどい損傷を受ける。その再建に当たった俊乗房重源《ちょうげん》（一一二一―一二〇六年）も、典型的な勧進聖であった。重源が再建役として東大寺造営大勧進職にえらばれたとき、すでに六一歳になっていた。それまでは名もない高野聖だったらしい重源が、どんないきさつで大役に就いたのか、よくわからないところがある。とにかく徐々に国家権力の信頼を得て、のちには造営料国として周防《すおう》（山口県東部）と備前（岡山県南東部）を与えられている。諸国勧進のかたわら、二つの国の国司の地位にあったのである。よくいえば徳望と統率力に富んでいたのだろうが、一方で一癖も二癖もある人物でもあったように思われる。

西大寺律宗の僧、忍性《にんしょう》（一二一七―一三〇三）は、奈良や鎌倉でハンセン病者の救済に力を尽くし、ついには自らも罹患したといわれるが、他方では架けた橋一八九、作った道路七一、掘った井戸三三とする資料も存在する勧進聖でもあった。忍性は、それらの通行料を取り、その金を運用する利銭活動も行っていた。ハンセン病者や非人の救済にしろ、橋、道路、井戸の建造にしろ、金はいくらあっても足りない。勧進を補うためにも商行為が欠かせなかったのであろう。

それに対し日蓮は、「今の律僧の振舞を見るに、布絹財宝をたくはへ、利銭借請を業とす。教行既に相違せり。誰か是《これ》を信受せん。次に道を作り橋を渡す事、環《かえ》つて人の歎きなり」と、忍性らをはげしく非難していた。勧進によって道路や橋を作った場合、一定の営利行為を公権力が認めていたらしい。

勧進聖は文献に記録が残る者だけでも、まだまだたくさんいた。とくに架橋と修繕は多く、そのような宗教者がになっていたようである。歴史家、網野善彦氏は『無縁《むえん》・公界《くがい》・楽《らく》』で「こうした活動（勧進＝引用者）を通じて、聖《ひじり》・上人《しょうにん》たちは、寺院を建立し、仏像・経筒を

青の洞門の開鑿当時の名残りをとどめている部分。

造り、梵鐘を鋳た。しかしとくに注目すべきは、行基・空也以来、彼等が橋を架け、道路をひらき、船津をつくり、泊《とまり》を修造している事実である。橋を架け、修造するのは、古くから、必ずといってよいほど、聖の勧進によって行われた」と述べている。そうして、中ノ堂一信氏の論文「中世的〈勧進〉の形成過程」から「勧進聖の大半は遊行漂泊的生活をいとなむ僧徒」であったとの指摘を引用している。

右のような事実を念頭において考えると、禅海が伝統的な勧進聖の系譜につらなる宗教者であったことは、まず疑いあるまい。ただし、そこには近世的な変化の姿がうかがえる。勧進聖の全盛期は古代から中世にかけてであったと思われる。著名な勧進聖はほとんど、その時代に現れている。しかし時がたつほどに、その言葉にも実態にも手あかがついて、江戸時代には乞食とほぼ同義になっていた。六十六部に対する世間の扱いはまだ、いくらかましな方であったが、決して尊敬の対象ではなかった。

そうなると、東大寺の再建とか、忍性の師叡尊《えいぞん》による京都・宇治橋の修造、勧進僧往阿弥陀仏《おうあみだぶつ》による鎌倉・和賀江嶋の築港といった大規模事業など望むべくもない。青の洞門の開鑿は右のような例にくらべてははるかにささやかではあったが、江戸中期にしては小さくない工事だったといえそうである。だからこそ、人びとの記憶に残ったのではないか。

禅海は生没年とも不明である。生国についても、はっきりしない。江戸・浅草に住んだことがあるようだが、そこで何をしていたかもわからない。そういうことこそ、諸国を遍歴して歩いた六十六部にふさわしいともいえる。

禅海は洞門上の絶壁を目にしたとき、自分のなすべきことを見つけたような気になったのではないか。ビジネスチャンスと感じたかもしれない。掘削と、それに必要な勧進活動には、おそらく中津藩の許可がいったはずである。それが認められても、勧進は『恩讐の彼方に』に書かれているように、当初は困難をきわめたに違いない。それを軌道にのせられたのは、禅海の人となりにあったことも確かであろう。

8　青という村について

青の洞門の「青」は、既述のように最寄りの集落の名によっている。そこは洞門と同じ山国川の右岸（東岸）に位置して、五〇〇メートルほどしか離れていない。青は江戸時代には曾木村に属していたが、曾木村の中心は対岸にあったし、いまもそうである。

文献上の初出は康永三年（一三四四）の少弐頼尚《しょうによりひさ》書下《かきくだし》で、そこでは「豊後山国郷安於曾木村地頭職事」云々と見えている。中世にあっては安於《あお》（青）と曾木とは、互いに独立した村落であったらしい。現在でも曾木中心部の氏神が毛蕨《けわらび》神社であるのに対し、青のそれは貴船神社である。明治になるまで、このあたりの山国川には橋がかかっていなかったようだから、その点でも一村としてのつながりは弱かったのではないか。

競秀峰の道の最高所、妙見窟とそこに安置されていた一木造りの妙見菩薩像をはじめとする仏像群は、いつのころからか青の住民が保護・管理していた。そうして、それらの仏像は八〇〇年くらい前の平安末から鎌倉初期の作と考えられている。当時すでに、この一帯の山岳宗教の聖地を青の人びとが世話していたとはいいきれないにしても、その可能性は十分にあると思う。山伏たちの行場の近くには、必ず彼らの足場となる集落が形成されていたからである。

　青には「阿保寺《あほでら》」の伝説が残っている。地内に、その名の古刹があったというのである。現今のアオは、そのアホの訛りだとされている。ただし、阿保寺の存在を裏づける文献類は全く知られていない。いや、場所さえも、はっきりしないのである。前記、青在住の稲留和彦さんは候補地として、競秀峰の最南端の下あたりと、そこからさらに下った青の檀那寺、真言宗弘法寺の東側の二つを挙げている。両地からは以前、ややまとまった古銭が出土したことがあるという。残念ながら、それらは水害で流されたりして現存しない。

青の村から競秀峰を望む。

　阿保寺の実在は立証できないが、競秀峰や、青の南東二キロばかり、羅漢寺が建つ山腹が、古代からの山岳宗教の霊峰であったことは間違いあるまい。羅漢寺下の跡田は同寺の門前村であり、地内には「門前」の字名も残っている。羅漢寺とともに生きてきた村だといえる。同様に青の住民も、競秀峰という聖地の存在に深くかかわっていたのではないかと思われる。

青は稲留さんが小学生だった昭和二十年代には戸数六七であった。それが、いま（平成二十七年秋）は三二戸に半減している。一戸当たりの人口の減り方は、さらに激しい。旅行シーズン中の休日など、村の周辺は観光客でごった返している。しかし、その賑わいは青の過疎化を防ぐうえで、あまり役に立っていないことになる。「騒々しいし、道が混雑するだけだ」と漏らす人もいる。洞門南方の川をはさんだ二つの駐車場に車を停め、昔の洞門を往復して早々に引きあげる訪問者が大部分だからであろう。半世紀余り前まではときどき見られた、法螺貝を持った修験者の姿もなくなったようである。

第六章　阿波山岳武士の村と天皇家を結ぶ糸

1　山上の茅葺き屋敷

徳島県美馬《みま》市穴吹は、四国第一の大河・吉野川中流の南岸に位置する古い町である。国道492号は、ここから屈曲を繰り返しながら、おおむね南へ向かい途中で同438号に合したあと、標高で石鎚《いしづち》山に次ぎ四国で二番目の剣山《つるぎ》（一九五五メートル。ということは西日本でも二番目になる）直下に至っている。その間、一貫して吉野川の支流、穴吹川沿いを走っていて、このルートをとるかぎり道はひたすら登り一方ということになる。

穴吹川はV字谷の連続で、そのため流域には昔から村落は発達していなかった。加えて近年の過疎化の進行により、沿道のさびれ方はひとかたではない。穴吹の町を出はずれると、そんな光景が延々とつづくが、ところどころのはるかな山腹に人家のかたまりを目にすることがある。これは四国の山間地の特徴で、近代になって川沿いの車道が整備されるまで村落は多く尾根筋か、その近くに形成されたことによっている。谷底は傾斜が急すぎて居住にも耕作にも適していないのである。

だから村々は、現行の国道や県道を通っていても、全く目に入らないことが珍しくない。穴吹から道のりで二〇キロほどの右岸山上に開けた土井久保は、そのような村の一つである。わたしは、この村が見たくて四十数年前に訪ねたことがある。わたしは当時、勤めの関係で徳島に住んでいた。土井久保は、いまの国道492号からは見えなかったが、原付バイクで石ころ道を登っていくと、その先に意外なくらいの規模の村が広がっていた。数十戸はあったろう。土井（普通は土居と書くことが多い）とは土塁をめぐらせた中世豪族の居宅のことであり、その末裔を称する家もあれば、「土井の隠居」の屋号の家もあった。「土井の隠居」にいた老婦人によると、以前はこの山上が一帯の中心地で、戸長役場もここにあったということだった。そのころすでに過疎化が進んでいたが、現在はさらに深刻になっているのではないか。

そのはるか下を流れる穴吹川に沿って国道を七、八キロさかのぼったあたりに、美馬市木《こ》屋《や》平《だいら》（旧美馬郡木屋平村）字三《み》ッ《つ》木《ぎ》への登り道がある。激しく屈曲して険しい道を「羊腸」とたとえたりするが、本当にそんな感じの道である。この辺の山の深さは、本書の第二章や第四章で紹介した秋田県北秋田市阿《あ》仁《に》根《ね》子《っこ》や新潟県柏崎市女谷《おなだに》などとくらべても段違いであろう。わたしが先の土井久保を訪ねた当時、そこにも三ッ木にも自動車が通れる道はついていなかった。

いまは狭いながらも舗装道路が通じており、しばしば反対方向へ向きを変えながら登って

三木家住宅。徳島県内最古の民家で、国の重要文化財に指定されている。

いくと、ふいに視界が開ける。むろん、まわりは山また山だが、いずれも見上げるような高さではなく、横から眺める格好になる。三ッ木の中心部は標高五二〇メートルくらいに位置するので、そうなってしまうのである。そこの小地名を「空《そら》の地《じ》」というのも、昔の人びとの実感であったろう。

空の地には現在、人が住む家は一軒しかない。その家——三木《みき》家の住宅——は母屋の平屋だけで建坪二〇〇平方メートル余、茅葺きながら堂々たる屋敷である。中は八つの部屋と二つの土間からなり、江戸時代初期の建築と推定されている。県内最古の民家であり、昭和五十一年(一九七六)に国の重要文化財に指定された。そうでなければ、もとの姿はとても維持できなかったに違いない。何しろ屋根の半分を葺きかえるだけで、三〇〇〇万円もかかるのである。重文なので、そのうちの七割は国、一割は県、一割は町から出るが、それでも一割は個人の負担になる。六、七年ごとに半分ずつの葺きかえと、そのほかの修繕が必要であり、三木家の出費も小さくはない。

昭和二十年代、三ッ木には二七〇人ほどが暮らしていた。それが現在（平成二十七年夏）は空の地の三木家と、もっと下の一軒だけになってしまった。しかも三木家の現当主、信夫さん（一九三六年生まれ）は冬のあいだは大阪で過ごす二重生活者で、一年を通して先祖以来の大住宅に起居している人はだれもいない。いわば、家の管理・維持のために長期帰省をしているような状態である。

三木信夫さんが少なからぬ経済的負担にもかかわらず、そのような暮らしをつづけているのは四〇〇年をへた古民家の保存のためだけではない。そこには三木家がたどってきた気の遠くなるほど長く波乱に富んだ歴史と、若いころには無関心だったその家系への抑えがたいこだわりが隠されている。やはり大阪にいる息子が、氏のあとを継いで同じ生き方をするのかどうかわからないが、本籍はここから移さないという了解は親子のあいだにできている。

2　皇室に麻服を貢納する家系

新嘗祭《にいなめさい》は、天皇が新穀を神々にすすめ、合わせて自らもそれを食する朝廷の祭儀である。古くは十一月の「中の卯《う》の日」に行われていたが、現在は同月二十三日すなわち勤労感謝の日に固定されている。

新嘗祭のうち、天皇が即位したあと初めて行うそれを、とくに大嘗祭《だいじょうさい》と呼ぶ。平成の場合を例にとると、昭和天皇が崩御した昭和六十四年（一九八九）一月七日から二年近くたった平成二年十一月十二日に平成天皇の即位の礼があり、その一〇日後の二十二日深夜から翌日未明にかけて大嘗祭が行われている。これによってもわかるように、核心部分は深夜に挙行する祭儀である。

大嘗祭では新天皇が麁布《あらたえ》（荒妙《あらたえ》、麻布で作った服）を着用する場面があり、それはずっと三木家から貢納することになっている。伝承によれば、その沿革は古代にまでさかのぼるとされているが、文献で確認できるのは文保二年（一三一八）からである。それでも、すでに七〇〇年たっている。そうして平成の大嘗祭でも、その慣例は守られたのである。阿波国の草深い山村の一家系が、なぜそのような役目をになうことになったのか、このあと記すことにしたいが、その前に平成の麁布貢納についてひととおり述べておきたい。

麁布とは要するに麻服のことであり、原料は麻である。麻は周知のように大麻ともいい、麻薬の原料にもなるから勝手に栽培することはできない。三木家では、むろん許可を受けたうえで前面の緩斜面を畑に当てている。

麻は四月に植えて、八月に収穫する。現当主の三木信夫さんによると、三ッ木のあたりは栽培に適しており、平地とは違う良質の繊維ができるということである。麻から布を製するのに二、三ヵ月かかる。それらのすべての作業は、それぞれの職人が当たった。相当の人件費を要したが、それは寄付によってまかなわれたのだった。貢納に対しては、宮内庁から多

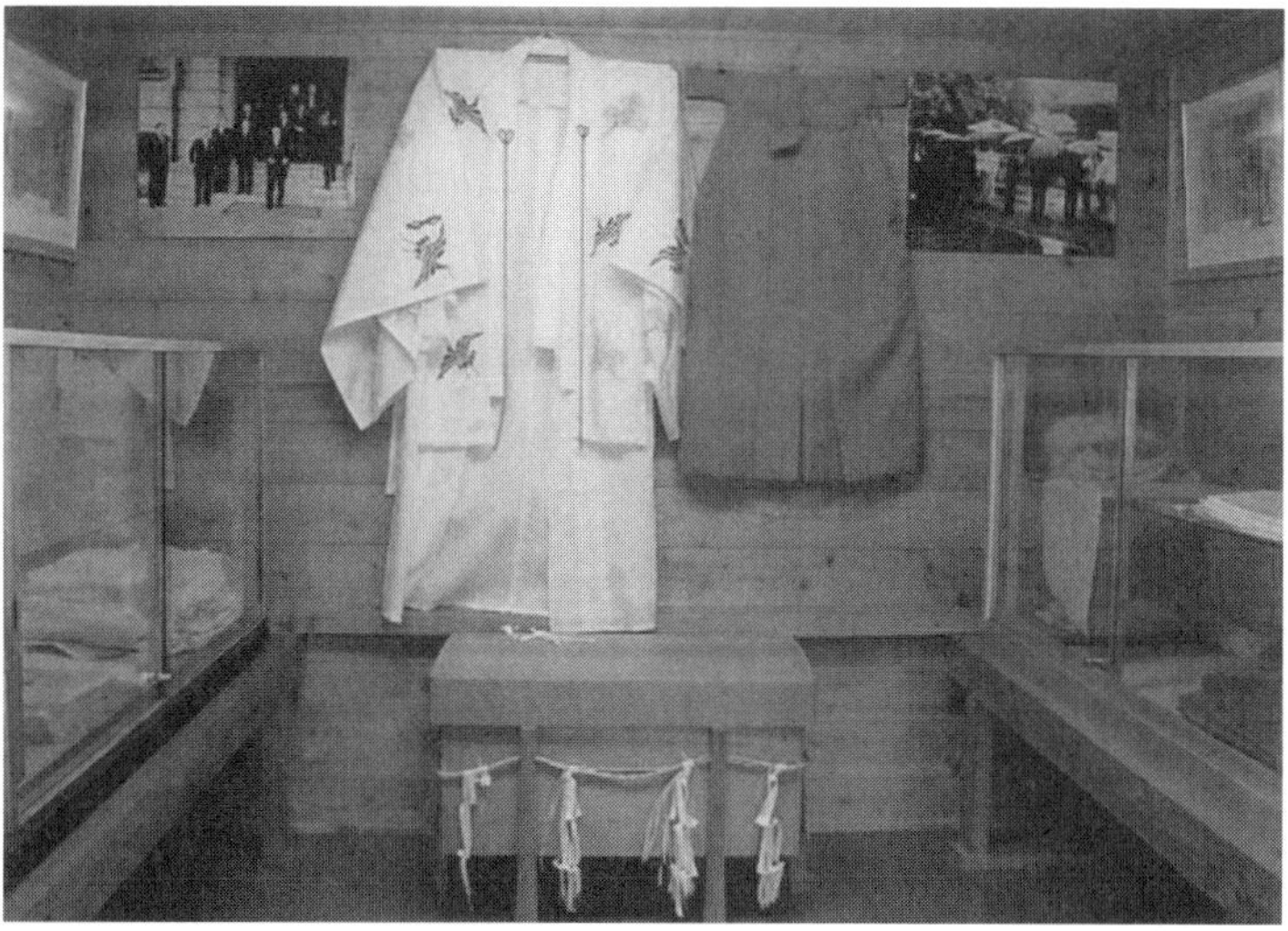

平成の大嘗祭に際し、麁布（あらたえ）調進の儀式で巫女（みこ）が着た服。

少の謝礼が出る。しかし、かかった費用にくらべれば、問題にならないほどの少額である。つまり、一方的な贈与に近い。三木家も寄付に応じた人びとも、それを承知で麻服作りに力を合わせたことになる。

その行為を地元では、いつとも知れないころから「みつぎ」と呼んでいたらしい。現在の三ッ木地区、すなわち江戸期の三ッ木村には三ッ木《みつぎ》のほかに貢《みつぐ》の小地名が存在する。いま両地は別の場所を指すようになっているが、それは文字と発音を違えたことによって生じた変化であり、もとは一帯をひとしく「みつぎ」または「みつぐ」と称していたろう。ついでながら、地内には麻衣《あさぎぬ》の小地名も残っている。これも麁布貢納が生んだ地名に間違いあるまい。

三木《みき》家も中世には「みつぎ」氏を称し、「三木《みつぎ》」とも「三ツ木」とも書いていた。すべて皇室との深いかかわりを示唆する事実だといえる。さらに、三木家の東方正面にそびえる、ひとつづきの山塊中の最高峰、東宮山《とうぐうさん》（一〇九一メートル）も、その一例かもしれない。東宮は元来は皇居の東側にあった建物を指したらしいが、のちには皇太子を意味するようになる。どうしてか不明ながら、そんな名の山が都を遠く離れた僻陬《へきすう》に存在するのである。

平成の大嘗祭のあと畑の麻は残らず刈り取られて、代わりにアジサイが植えられた。もちろん、こころない者による悪用を避けるためである。しかし、すぐに鹿が食ってしまい大きくはならない。わたしがここを訪ねたのは平成二十七年六月の下旬であった。ちょうどアジサイのシーズンのはずであったが、花は全く咲いていなかった。次の大嘗祭のとき、ここに再び麻が植えられるのだろうか。三木さんは「わかりませんねえ」と答えるばかりである。

三木さんも信じ、そうして周囲のおおかたも長いあいだ認めてきたことだが、三木家の家系は中世の「みつぎ」氏の時代よりはるかに古く、それは古代の阿波忌部《いんべ》氏にまでさかのぼるとされている。忌部氏は七世紀か、それ以前から朝廷の祭祀を担当した氏族で、中央の忌部氏は現在の奈良県橿原《かしわら》市忌部町のあたりを本貫《ほんがん》としていた。忌部氏はほかに出雲、紀伊、阿波、讃岐にもいて、大和の忌部氏は祭祀に必要な物資を彼らから徴収していたのである。

阿波忌部氏の貢納品は麻布、木綿などであり、古代には吉野川流域の平野部を主な居住地にしていた。平成十六年に吉野川市が発足するまで、その一帯を指していた麻植《おえ》郡の名は、麻の栽培によると思われる。「お（苧）」は麻の古名である。

時代の推移のうちに、忌部氏は平野部での勢力を失い、中世には三ッ木を中心とする山間地に本拠を移していたらしい。三木家は当時から、その頭領の位置にあり、阿波忌部氏の直系だとされているのである。

3 阿波山岳武士

三木家は鎌倉時代には、かつて本拠としていた吉野川流域の平野部から、いまの三ッ木あたりの山間地へ退き、そこの土豪といった地位にあった。しかし、朝廷とのつながりはつづいており、同家には文保二年（一三一八）、後醍醐天皇の大嘗祭に関連して勅使「荒妙御衣使《あらたえのおんぞし》」が阿波に下向する旨を記した官符の写しなど、朝廷から下された鎌倉、室町時代の古文書や、その写しが残っている。

双方の関係は、鎌倉幕府の崩壊につづく南北朝時代（一三三六—九二年）になると、それまでの麁布貢納を通じたものとは違った形になってくる。右の五七年間は、ひとことでいえば武家勢力の北朝方と、天皇権力の復活を求める南朝方との武力抗争の時代であった。といっても、両者の力が多少なりとも拮抗していたのは初めの数年だけで、あとは北朝が政治の実権をにぎっていた。そんな時代に、阿波の山間部の武装勢力は南朝方にくみし、勝ち目のない戦いを細々と繰り返していたのである。三ッ木氏も、その武士団に属していた。

南朝は、行宮《あんぐう》（仮の朝廷）を大和国吉野（奈良県吉野郡吉野町）や同賀名生《あのう》（五条市西吉野町）、摂津国住吉（大阪市住吉区）などに置きながら、各地に散在する南朝勢力に号令を

三木家住宅（奥の茅葺きが重文の母屋、手前が離れ）のあたりから見た東宮山。
中央下は麻を植えた畑の跡である。

下していた。阿波で南朝方にあったのは、だいたいは四国山脈の脊梁北麓の山間部に割拠する山侍たちで、のちの歴史家は彼らのことを阿波山岳武士と呼んでいる。

個々の山岳武士が南朝と結んだのには、それぞれの理由があったろう。一般的には、平地の政治権力とは利害が一致しにくいこと、南朝がまだ北朝支配の及んでいなかった僻地に進んで接近したこと、もとは平地にあったがゲリラ戦を闘うため山岳地帯へ後退したことなどが考えられるのではないか。しかし三ッ木一統にとっては、初期の南朝軍を率いた後醍醐天皇との縁が決定的であったように思える。既述のように、同天皇即位の際の大嘗祭に、三ッ木氏は麁布《あらたえ》を献上している。

三ッ木氏と、その南西隣の木屋平を治める木屋平氏は、武力の面ではともかく忠誠度では南朝方のもっとも頼もしい家臣団に入っていたらしい。三木家と、木屋平家の後裔の松家《まつか》家には、南朝の後村上天皇から与えられた軍忠を賞する綸旨《りんじ》（天皇の言葉を伝える文書）が残っているのである。それは「髻《もとどり》の綸旨」と呼ばれている。髻は力士の髷《まげ》のようなものだと思ってよいだろう。綸旨を記した紙を髻にしのばせたり、髻を結ぶ紙縒《こよ》りに用いて北朝方の目をくぐったと伝えられている。当然、薄く小さく、三木家へのもの（一通）は縦七センチ、横九センチほど、松家家へのもの（三通）は縦八センチ、横一一センチほどである。

髻の綸旨を運んだのは、三ッ木の六キロばかり北にそびえる高越山《こうつさん》（一一三三メートル）などに拠点を置く修験道の山伏であった。余談ながら、平成二十六年十二月五日から、この一帯は近年では珍しい大雪となり、同日午後、車で山上の高越寺に向かった同寺の住職と寺働きの男性が遭難死する事故が起きている。車が脱輪したため徒歩で寺を目指しているうち、身動きがとれなくなったようである。とにかく、そのような場所で修行をしていた山伏が、やはり南朝方にくみしていた瀬戸内海の小島、伊島や沼島《ぬしま》などを中継して大和の吉野とのあいだを往復していたのである。

山岳武士たちの拠点は、彼らの陣営の最東端に当たる現徳島市一宮《いちのみや》町の一宮城であった。一宮城は本丸部分の標高一四四メートル、麓との比高差一二〇メートルほどの、阿波では最大級の山城である。当然、北朝方の攻撃対象になり、いく度もの戦闘のあと正平十七年（一三六二）、城主の小笠原氏が北朝の軍門にくだっている。いま山麓近くにかなり大規模な被差別部落が存在するが、その住民は敗亡した小笠原氏の将兵らの子孫だと伝承されている。報復として、勝者により賤民の地位に落とされたというのである。南朝を支えていた有力武将の新田氏の本貫、群馬県太田市周辺にも同様のいきさつを語る被差別部落が少なくない。中には、それを裏づける状況証拠が残っている例もあって、必ずしもただの伝説ともいいきれないようである。

一宮城が落ちたあとも、三ッ木氏や木屋平氏らは、なお険しい山間を楯に北朝への抵抗をつづけていた。というより、北朝方としては少なからぬ犠牲をはらってまで、生産力の低い山分《やまぶん》を攻め取るほどのこともないと考えていたのかもしれない。ともあれ、両朝和睦（一三九二年）の三年前までに阿波の山岳武士たちはすべて、熟柿が落ちるかのように北朝に帰順していた。

それによって、三ッ木氏も木屋平氏も別に咎めを受けることはなく、従来の土地を安堵されたようである。旧領主を放逐して、よそ者に首をすげかえれば住民の抵抗は必至であり、あえてそうするだけの肥沃な土地でもなかったからであろう。両氏とも室町、江戸時代どころか明治維新後も一帯の支配者・大地主でありつづけ、ある意味では第二次大戦後まで、その地位を保っていたのである。

4　中世土豪たちのその後

三木家の歴史を知るには、南北朝時代のころからさらにさかのぼって阿波忌部氏のことに触れなければならないが、その前に中世、三ッ木のような山間地に割拠していた土豪たちが以後、どのような暮らしをつづけたのかについて記しておきたい。

中世の土豪たちを呼ぶ言葉の一つに「土居《どい》」というのがあった。彼らの居宅はしばしば堀をめぐらせ、そこから掻きあげた土を盛って土塁を築いていたため、その名が付いたと考えられる。のちには、そのような構造ではなくとも、土豪の館ひいては彼ら自身をそう呼ぶようになったらしい。この言葉は四国や山陽道でとくに普遍的に用いられていたことが、その地名の分布によって確認できる。

高知県の山間地などでは、この地名はほとんど無数といってよいくらいおびただしく、やや大げさにいえば江戸時代の村すなわち現今の大字ごとに見つかるほどである。しかも、まず例外なしに一つしかない。ただし、土居前とか土居の西などを一ヵ所の土居に含めてのことである。この事実から考えて、土居は数十戸の農民を支配下に置く小領主が多かったように思える。

戦国時代になると、彼らは離合集散しつつ、より大きな勢力の下にまとまっていく。中には自ら戦国大名に成長した者もあった。中世の農民は大なり小なり武装していたから、戦闘の場合は各自の「お土居さま」に従って武器をとった。おそらく、はるか上層の大名やその参謀格の武将への忠誠心はとぼしく、それぞれの村の土居の意思で行動を決していたのではないか。

戦国の世が去り、江戸に新幕府が置かれると、土居の多くは帰農している。そうして、新たな権力に抵抗した場合を除き、だいたいは庄屋の地位を認められた。理由は、三ッ木氏が北朝にくだったあとも旧領をそのまま安堵されたときと同じである。中世の「お土居さま」の家系は、江戸期を通じて村の有力者でありつづけ、明治時代を迎えた例が普通だったようである。それは文献によってよりも、今日の山村での聞取りで推測できることが少なくない。

わたしは高知県の山村を何十かまわり、その辺に注意して話を聞いたことがあるが、たいていのところで土居の家系につらなる家がどこか住民が指摘することができた。「土居」の言葉を知らなかったり、また意味がわからなくても、しばしば「土居」の付く屋号が残っているからである。既述のように、徳島県美馬市穴吹の土井久保には「土井の隠居」の屋号があり、高知県香美郡物部村（現香美市物部町）根木屋《ねぎや》には、氏神の竈《かまど》神社の前に「若土居」の屋号の家があった。前者は、ある時代に引退した土居が、後者はお土居さまの次の当主が暮らしていたと思われる。

そのような家は例外なしに構えが大きく敷地は広い。しかし、いまでは退転して屋敷が残っていないことも少なくないようである。高知県土佐郡本川《ほんがわ》村（現吾川郡いの町）の寺川字《てらがわ》土居には、かつて庄屋の屋敷があったが、わたしが平成二十年春に訪ねたとき、ずっと前に家はなくなったということであった。ちなみに、旧本川村には寺川など一一の大字があり、そのうちの五ヵ所に「土居」の、一ヵ所に「土居屋敷」の小字が存在する。

各地に残存する、あるいは近年までそうであった中世土豪たちの後裔だと推測される家々の具体的な歴史がわかることは、めったにない。資料が残っていないからである。しかし、

三木家住宅の内部。
いちばん奥の左側（写真では見えない）が主人しか入れないイラズノマであった。

三木家の場合は違う。中、近世から近代に及ぶ文献類が、かなり豊富に伝わっているからである。それらは「三木家文書」と総称され、一部は県の有形文化財に指定されている。

三木家は江戸時代になって代々、庄屋を世襲していた。中世の土着武士の頭領が帰農して、庄屋の地位を受け継いだ例の一つである。百姓身分ではあったが、名字帯刀を許されていたという。しかし江戸中期に、その役を一族の天田氏に譲ったあと幕末まで復帰することはなかった。藩主の蜂須賀家の機嫌にさわるような何かがあったらしい。現当主の三木信夫さんによると、江戸時代の最後の一〇〇年間は、中世以来の家来ともいうべき人びとを養うため所有山林をだいぶん切り売りしたとのことである。

中世の土豪が江戸期になっても従来の領域を実質的に支配しつづけたことは、南西隣の木屋平地区においても変わりはなかった。そこの木屋平氏は、蜂須賀氏三代目忠秀の時代に「松家」の姓を賜っているが、その家系につらなる地内四ヵ所の松家氏が交替で庄屋を務め、明治に至っている。この一族も南北朝時代、南朝の後村上天皇が発した綸旨を伝えていることは前に記したとおりである。

なお、このような家系が近代にたどった変遷については、のちに三木家を例に紹介することにしたい。

5 阿波忌部《いんべ》氏と忌部神社

美馬市木屋平（旧美馬郡木屋平村、三ッ木はこの地内に含まれる）への入り口に当たる穴吹から、吉野川沿いに東へ一〇キロたらず下った南岸に忌部の地名がある。現在は吉野川市山川町に属している。そこを東西に走る国道192号から、南へ向かう細い道を一キロばかり入った山すそ一帯を忌部山という。ここに忌部神社がある。

現状はたいした結構ではない。境内はさして広くはなく、鎮守の森もあんまり発達していない。社殿も小ぶりで、そのうえ造りが新しいため古色に欠けている。要するに、『延喜式』所載の名神《みょうじん》大社らしい貫禄には遠い印象である。ただし、この神社はもとは後方の「黒岩」と呼ぶ山腹にあったが、応永二年（一三九五）の地震の際、社地が崩れたため現在の場

吉野川市山川町忌部山の忌部神社。

所へ遷ったとされている。

周知のように、一〇世紀前半に成立した『延喜式』の神名帳《じんみょう》に載る神社を「式内社」とか「式社」といっている。全国で二八六一社あり、うち「大」が三五三、「小」が二五〇八である。式内社は少なくとも千年余の歴史をもち、その大社ともなればわずか三五三しかないのだから、由緒の古さと社格の高さは並たいていではないということになる。何しろ名神大は阿波国に三社、讃岐国に三社、伊予国に八社、土佐国にいたっては一社しかないのである。

忌部氏の氏神、忌部神社は平安時代、その名神大社にかぞえられていた。いかに京都の政治権力から重んじられていたかがわかる。ただし、『延喜式』に載る忌部神社は、右の神社ではないとする指摘もある。それによると、穴吹の一〇キロくらい西に位置する吉野川沿いの町、貞光から六キロほど南へ入った美馬郡つるぎ町貞光字吉良の忌部神社を式内に比定するのである。そこはいま御所神社ともいい、国道438号から分岐した急坂の先にあり、立地は三木家住宅のあたりと似ている。

『延喜式』には式内社の所在地は郡までしか記していない。そのため現在のどの神社に当たるのか、決しがたい例は少なからずある。中には一つの式内社に対して、候補が五つも六つも挙げられている場合もある。神社は由緒の古さをもって尊しとされる傾向があり、それぞれにかかわる人びとは、なかなか自説を譲ろうとしない。ましてや、ことが式内の大社ともなればなおさらである。

明治維新後、仏教を排して神道が重んじられるようになった時代、どこが式内だろうとかまわないではないかなどと考える神社関係者は、まずいなかった。現山川町とつるぎ町の両忌部神社のあいだでも争論に決着がつかず、ついに明治二十五年（一八九二）、全く無関係の現徳島市二軒屋町の眉山《びさん》（二七七メートル）の麓に新たに忌部神社を建立、これを国幣中社としたのだった。ここに至るいきさつは、徳島県民の忌部氏へのこだわりの強さを裏づけているといえるだろう。

江戸時代、式内忌部神社の所在地は不明になっていた。その状態が、いつ始まったのかもわからない。とにかく、一〇世紀よりあとのいつごろかに、忌部氏のあいだですら、かつて一族をたばねていたはずの信仰の中心地が忘れられていたのである。むろん、その背景には氏族の衰退があった。残った一族の人びとは、四国山脈の脊梁に近い辺地へ退転して総氏神とも無縁になったと思われる。

山川町の忌部神社背後の黒岩には、六世紀後半と推定される五基の円墳からなる忌部山古墳群がある。その被葬者は不明ながら、この近くに当時の豪族の拠点があったことは間違いない。また、一〇世紀成立の『倭名類聚抄』に見える忌部郷は、いくつかの傍証によってこのあたりだと考えられており、忌部、忌部山は、その遺称地である可能性が高い。徳島県出身の明治期の古典学者、小杉榲邨《すぎむら》は、こちらを式内に比定しているが、いまも支持する人が少なくないようである。

一方の忌部神社が鎮座するつるぎ町貞光字吉良は、前記のように相当の山中の村である。古代、忌部氏の勢力がここら辺まで及んでいたとしても、氏神を置くのに適当な場所であったのかどうか。吉良あたりは、中世には山岳武士の支配下にあったろう。その時代に三ッ木氏か、忌部氏の後裔の伝承をもつ集団のだれかが自分たちの氏神として祀ったのかもしれない。

しかし、右のいずれでもなく、式内忌部神社の社地と社殿は全く別のところにあった可能性もあると思う。

なお、この二つの忌部神社に対して、鳴門市大麻《おおあさ》町板東の大麻比古《おおあさひこ》神社を阿波忌部氏の祖神に結びつける立場もある。同社も式内の名神大社であり、阿波国の一宮でもある。通称「大麻さん」は、その格式にふさわしい大神社で、現在は大麻比古大神と猿田彦大神を主祭神としている。

「大麻比古」の名は、麁布《あらたえ》を朝廷に貢献していた忌部氏とつながりやすく、おそらくそれが理由で忌部氏の祖神を祀ったとの説が生まれたのではないか。しかし、中世の資料では猿田彦を祭神にしているといい、忌部氏と関連づけられるのは近世になってからのようである。それに一〇世紀の『延喜式』では、大麻比古神社と忌部神社が別個に名神大に挙げられており、これは前者が忌部氏とは違う氏族の神であったことを示唆しているように思える。

6 中臣氏との勢力争いに敗れる

六四五年の大化の改新前、朝廷の祭祀は中臣氏と忌部氏が担当していた。いつごろから、どんな理由でそうなったのか、わからない。ただ、忌部の「忌《いむ》」は斎戒の意だから、この氏族は誕生のときすでに神事にかかわる集団であったと思われる。

前にも簡単に触れたが、忌部氏の本貫は現在の奈良県橿原市忌部町のあたりにあった。彼らは祭祀に必要な物資を貢納するほか、宮殿の造営にも従っていた。それを大和の本貫だけでは、とてもまかなえない。そのため諸国にも忌部が置かれていた。

出雲国（島根県東部）の忌部は玉を貢納し、紀伊国（和歌山県）の忌部は材木を貢納するとともに、ときに応じて都へ上り宮殿や社殿の造営に当たった。阿波国の忌部は何度も述べたように、麻布・木綿などを献上していた。讃岐国（香川県）の忌部は、祭祀に用いる盾の担当であった。以上は確かな資料が記すところだが、これ以外にも筑紫（古語で九州全体をも指したが、この場合は福岡県のあたりか）と伊勢（三重県）に忌部がいて、刀や斧を貢進していたらしい。忌部氏は天太玉命《あめのふとだまのみこと》を祖と伝えている。

『日本書紀』孝徳天皇元年すなわち大化元年（六四五）七月十四日条に、忌部首子麻呂《いんべのおびとこまろ》が「神幣を課す」ため美濃国（岐阜県南部）へ遣わされた旨の記事が見えている。この神幣は大嘗祭に用いるものであったらしい。とにかく、これが忌部氏と朝廷の神事とのつながりが正史に現れる最初の記述であった。当時、忌部氏の勢力は中臣氏とほぼ拮抗していたようである。

しかし、大化の改新の功によって、中臣鎌足が死の直前の六六九年に藤原姓を賜り、子の藤原不比等は中央政界で隠然たる力をもつようになる。以後、不比等の直系の藤原氏は政治面を、そのほかの家系の中臣氏が祭祀向きを管掌する体制をつくっていく。それは忌部氏の衰退を意味していた。

天平七年（七三五）、忌部氏は朝廷に対して自らを伊勢奉幣使に任じることを訴えている。ずっと中臣氏とともに奉幣使に任じられていたのに、だんだん排除されるようになっていたからである。それはいったんは認められたが、やがて奉幣使だけでなく忌部氏固有の職掌にも就けない傾向が強まっていく。斎部広成《いんべのひろなり》（生没年不詳）が大同二年（八〇七）、平城《へいぜい》天皇の下問に応じて記した『古語拾遺』の中で中臣氏への積年の憤懣を吐露したのは、そのような状況の反映であった。なお、忌部氏は延暦二十二年（八〇三）、「斎部」と改字している。以上は中央の忌部氏の、おおよその動向である。

大和忌部氏の衰退は当然、阿波忌部氏にも及んだ。その経過は明らかでないが、既述のように一〇世紀前半成立の『延喜式』では、忌部神社が名神大に列せられている。このころにはまだ、少なくとも朝廷の祭祀面では一定の重きをなしていたのではないか。しかし、その後、神社の所在地さえ不明になる。氏族の主要部分が分散、消滅してしまったのであろう。

余談ながら、吉野川沿いを東西に走るＪＲ徳島線の吉野川市域に「学《がく》」という珍しい名の駅がある。命名の由来は単純で、そこの地名をとっただけのことである。いっとき受験生らが縁起をかついで、この駅の切符を買い求めた時期があったが、いまはどうだろうか。学は前記の忌部の東隣で、一帯が阿波忌部氏の拠点であったことは、まず間違いない。そうして、学は忌部氏が一族の子弟を教育した私学の跡ではないかとの指摘がある。これを裏づける証拠はないが、ありえることのように思える。当たっているとすれば、忌部氏が残した遺産の一つになる。なお、徳島市街の南方、紀伊水道に臨んだ阿南市には学原《がくばら》の地名があり、こちらは長氏《ながうじ》の私学跡であろうといわれている。

鎌倉時代末、阿波忌部氏につらなる三木氏が大嘗祭に麁布を貢納していたことは、同家に伝わる文保二年（一三一八）の官符の写しによって証明される。この関係は古代から、ずっとつづいていたのだろうか。全く中断なしとは考えにくいが、三木家にはそのような家柄であるとの伝承は連綿と受け継がれており、機会あるごとに朝廷に麁布献上を申し入れていた可能性が高いと思う。そうでなければ、中世のある時期にいきなり辺地の土豪が大嘗祭への寄与を訴えても、朝廷としては簡単に了承できなかったろう。

7 明治・大正時代の三木家

三木家住宅の建つあたりは、平成十七年まで木屋平村といっていた。それが、いわゆる平成の大合併で美馬町、穴吹町、脇町と合併して美馬市が成立、同市木屋平となっている。

その木屋平村には江戸時代から明治半ばにかけて木屋平、川井、三ッ木の三つの村があった。三村が合併して木屋平村になったのは、明治二十二年（一八八九）である。つまり、新旧二つの木屋平村があることになる。さらにやっかいなことに、現在では旧三ッ木村の中に三ッ木の字があり、大字の三ッ木と小字のそれを混同しやすい。以下では前者を三ッ木地区、後者を字三ッ木と呼び、いまの美馬市木屋平を木屋平村、明治中期までの木屋平村を木屋平地区と称することにしたい。

三木家の現当主、信夫さんの祖父、宗治郎《そうじろう》氏が生まれたのは維新から三年目の明治三年（一八七〇）であった。既述のように、三木家は江戸時代になっても三ッ木地区の庄屋を世襲していたが、最後の一〇〇年ほどは、その地位からはずされていた。藩主、蜂須賀家の気にさわるようなことがあったらしい。しかし、その後も三木家は三ッ木地区のみならず、木屋平村全域における最有力の家系の一つでありつづけたようである。それは宗治郎氏の経歴によっても確かめられる。

宗治郎氏は、ごく若いころに三ッ木地区の助役になっている。信夫さんによると、一六歳だったということである。のち村長から麻植郡《おえぐん》議会議長をへて、前記「学駅」が所在する川島町の町長も務めている。かつての地方名家の当主がたどった典型的な生涯だといえるだろう。宗治郎氏は、『延喜式』の名神大社、忌部神社は山川町（現吉野川市）の忌部神社だと考えていたと思われる。同社には「麁服織殿跡《あらたえおりどの》」が残るが、それは宗治郎氏が大正・昭和の大嘗祭のとき荒妙《あらたえ》を織った建物の跡だからである。

宗治郎氏の政治家としての最大の功績は、いま国道492号となっている道路を三ッ木地区まで延引したことであろう。明治の末年に、その道路は吉野川沿いの穴吹から、既述の半《はん》平《だいら》山《やま》村土井久保の下あたりまで通じていた。それを、さらに先へと延長させたのである。こういうと当たり前のことのように聞こえるかもしれないが、そうではなかった。難工事で作業は進まず、それに伝染病の流行が重なったりしたうえ、工費の六割が三ッ木地区民の負担とされていたからである。負担金に耐えかねる者もいれば、道路から遠く離れた集落には利用価値が少なかった。しかし、宗治郎氏は村民の説得をつづけ、大正三年（一九一四）に九・五キロの工事が完成する。総工費は四万八八六円にのぼっていた。

村民の悪口はつづき、反感がつのっていた。宗治郎氏は責任をとって村長を辞任している。だが、その政治手腕が評価され、のちに木屋平村からずっと離れた平野部の川島町長に迎えられることになる。

大正三年に完成した道路は県道に編入され、同十五年（一九二六）には幌形の六人乗り不定期乗用車が初めて穴吹と木屋平村を結んでいる。一方、東へ向かい川井峠を越えて徳島市方面に至る車道（のちの438号）が開通したのは、昭和四十一年（一九六六）になってか

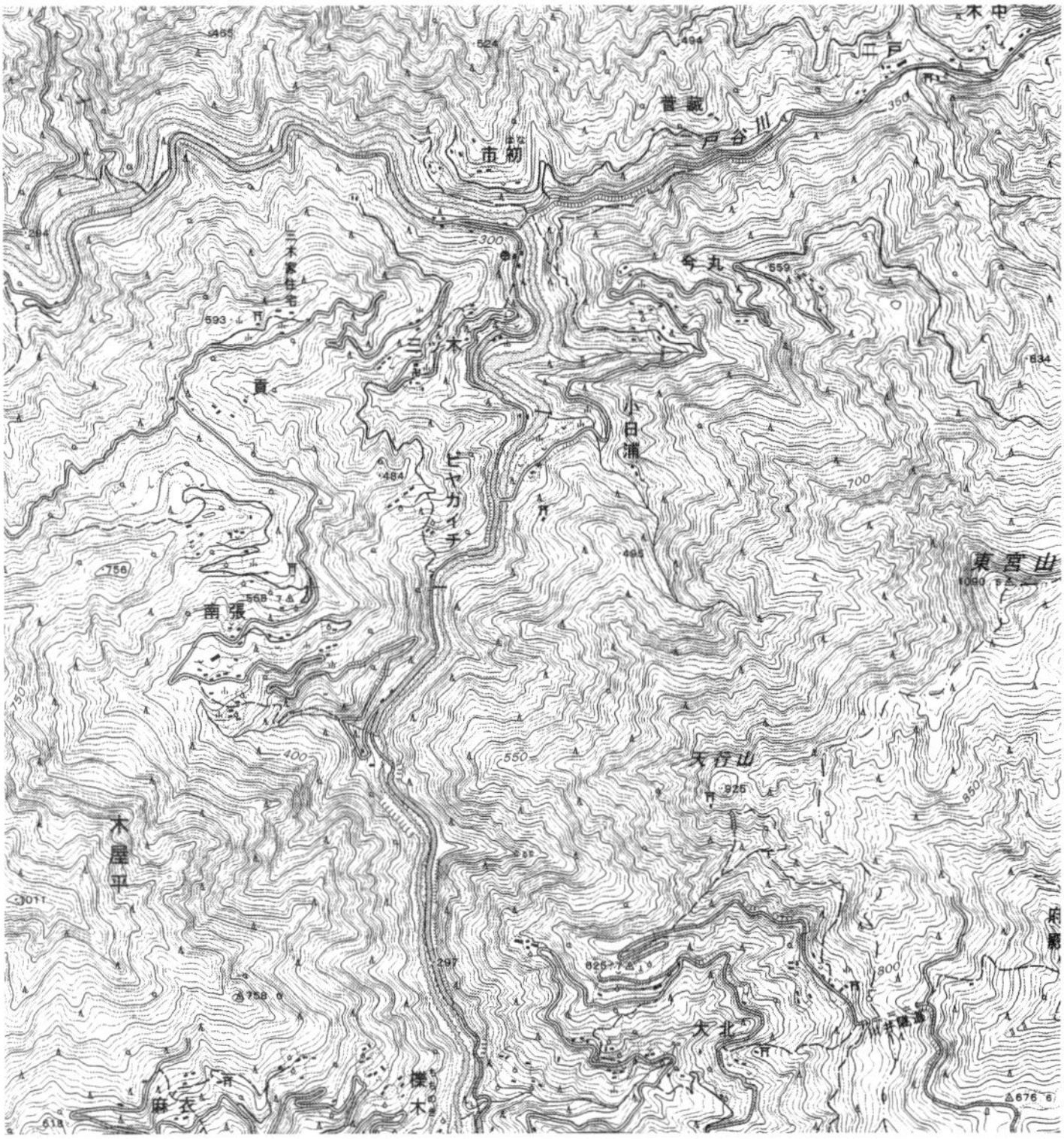

三ッ木地区の地形図（国土地理院２万５千分の１図「阿波川井」より）。
三木家住宅は貢の上方にある。

らであった。

宗治郎氏の次の当主、寛人《ひろひと》氏（信夫さんの父）が生まれたのは明治三十七年（一九〇四）である。

信夫さんによると、若いころは病弱のため家でぶらぶらしていたという。それで生活に困ることはなかった。三木家は近在きっての山林地主であり、七、八〇年生の杉か檜を一〇本も売れば嫁入りじたくができた時代であった。三〇歳ごろには体調を回復、教師になったあと三ッ木小学校の校長、木屋平村の教育長などを歴任している。

三木宗治郎氏（向かって右）と三木寛人氏。

寛人氏の最大の業績は、『木屋平村史』旧版（一九七一年）の執筆であろう。これは文献としては、もっぱら同家に残る文書類によってつづられたといっても過言ではあるまい。三ッ木地区では古い資料をもつ家はほかにはないが、三木家には中世の古文書がまとまって伝えられていた。それをひもとかないかぎり、地区の歴史はさかのぼりようがないのである。寛人氏は、その作業に向いた人物であった。

南朝方の天皇が発した「髻《もとどり》の綸旨」は、四国では四通が知られている。前にも簡単に触れたように、三通は木屋平地区の松家《まつか》家に、一通は三木家に保存されていた。しかし正確にいえば、三木家の一通は現在、行方不明になっている。信夫さんの話では、寛人氏が村史を書いているあいだに、どれかの文書類に挟んだままわからなくなってしまったらしい。丹念にさがせば出てくると思われるが、それが簡単にできないほど大量、多彩な資料があるということであろう。

寛人氏は、少なくとも七〇〇年にわたって、この山間地に君臨してきた有力家系の、実質的に最後の当主であった。それは、あとにつづく子が生活の場を他郷へ移したことにもよっているが、ずっと三木家に頭領の地位を認めてきた村落社会の、ほとんど消滅といえるほどの衰退の結果でもある。

8　深刻な過疎化に直面する

木屋平村のうち、川井地区と木屋平地区には早く昭和二年（一九二七）に電灯がともっていた。両地区は穴吹などの市街地から見た場合、三ッ木地区よりむしろ奥地に位置するが、中心部が現国道492号沿いにあって電柱を敷設しやすかったからであろう。しかし、三ッ木地区は電化の波に乗り遅れ、第二次大戦後になってもランプを使っていた。

三ッ木地区は、北隣の中枝村南浦地区（のち三ッ木地区に編入される）とともに昭和二十二年、電化期成同盟会を結成して翌年には電力導入を実現している。だが敗戦直後の当時、日本経済は疲弊しきっており、県や村の補助金はなく費用は約二九〇戸の村民が負担しなければならなかった。その額は一戸あたり九六三三円に達し、ほかに一八・五日の出夫を要したのだった。ちなみに、このころ労働者の日当は一〇〇円ほどであった。

三木信夫さんは昭和十一年に生まれ、同二十四年に三ッ木小学校を卒業しているので、小学校の高学年ごろまでランプで暮らしていたことになる。電気が通じてしばらくのあいだが、三ッ木がもっとも活気にあふれた時代であったろう。字三ッ木だけで人口二七〇人くらい、三木家の背後にあった三ッ木小、中学校には合わせて三九五人の生徒が地区内から通い、先生も一五人いた。

村の主要産業は林業であった。林業は農業と並んで、当時の日本では花形産業だといえた。食料は極端に不足しており、戦火で無数の家が焼かれていたから、木材は言い値で飛ぶように売れた。三ッ木地区の農業は主に焼き畑でアワ、ヒエ、ソバなどを作っていた。米は平野部から運んでいたのである。信夫さんは、もっぱら米を食べていた。山林王の息子としては、それが当たり前だったのである。

そのころになっても、字三ッ木へは車道は通じていなかった。現在の国道へは徒歩で往復するしかなかった。片道で三〇分ばかりかかっていた。車道がここまで開かれたのは、ずっとのちの平成元年ごろになってからである。

信夫さんは昭和二十七年（一九五二）、地元の中学校を卒業したあと大阪へ出た。そこで上級学校へ通い、やはり大阪の銀行に就職した。銀行では主に企画の仕事をしたという。仕事はおもしろく、はるかな祖先の阿波忌部氏のことになど、ほとんど興味をもっていなかった。

平成の大嘗祭用の麁布を織ったときの道具類。

信夫さんは六三歳のとき、三ッ木へ帰ってきた。といっても、完全な移住ではない。妻は、その後も大阪の家で暮らしており、信夫さん自身も冬は大阪で過ごしているのである。住民登録も大阪のままであり、車も大阪ナンバーである。

信夫さんが二重生活を始めるまでの半世紀たらずのあいだに、三ッ木はすっかり変わりはてていた。それは三ッ木小、中学校の歴史によく現れている。三木家よりさらに高い山上に、三ッ木小学校が建てられたのは明治三十年（一八九七）のことである。大正二年（一九一三）には高等科が置かれ、それは戦後の学制改革で新制の中学校になった。両校の校区は三ッ木地区で、前記のように多いときには合わせて四〇〇人前後の生徒が通っていた。小、中学校はほかに川井地区、木屋平地区、三ッ木地区の二戸《ふたど》（もとの中枝村南浦地区内の字）の三ヵ所にあった。三ッ木地区では、まず中学校が閉校され、ついで昭和五十八年（一九八三）には小学校が川井小学校へ統合されている。信夫さんが一年の半分は故郷で生活するようになったとき、学校はなくなっていたのである。

当時すでに、いわゆる限界集落という以上に村は衰退しきっていたが、その流れは以後も進みこそすれ、とどまるところを知らなかった。既述のように、現在（平成二十七年夏）、字三ッ木には二戸しかない。そのうち三木家の住民は信夫さんだけで、しかも半定住者である。中世以来の村は、消滅寸前の状態にあるといってよいだろう。

信夫さんの理解では、村の過疎化は林業の不振と軌を一にしている。安価な外材が日本へなだれ込んできたため、急峻な山地に広がる人工林からの切り出しによるしかない国内林業は太刀打ちできなくなったのである。ところが近年、外材の価格高騰で日本の競争力に回復のきざしが見えはじめている。信夫さんは、

「わが国の林業は、あと一〇年もすれば復活するのではないか。外国も原木では輸出しなくなっていますからね。ただし、一〇〇年生くらいの木でないと、利益の出る値段では売れないでしょう」

と話している。

国内林業が復活する日は来るかもしれない。だが、それまで三ッ木が何とか集落の体をなしていられるかどうか。一人の住民もいなくなれば、たとえ三木家住宅は残っていたとしても、それは生活の気配を欠いた博物館のようになってしまうだろう。

第七章　地名と村の歴史―千葉県・丁子《ようろご》から

1　いまも輿丁《よちよう》役を務める

千葉県香取市丁子は、利根川の河口に近い右岸（南岸）に位置する農村地帯である。右の「丁子」は「ようろご」と読む。教えられないかぎりまず読めないという地名は珍しくないが、これもその一つではないか。ただし、古語に詳しい人なら読み方の想像はつくかもしれない。ほぼ同趣旨の由来によると思われる地名はほかにもいくつかあって、わたしが気づいただけでも次のような例を挙げることができる。

- 福井県大野市上、中、下丁《ようろ》
- 和歌山県海南市下津町丁《よろ》
- 兵庫県姫路市勝原区丁《よろ》
- 島根県飯石《いいし》郡飯南《いいなん》町小田字丁《ようろ》

・岡山県浅口市鴨方町六条院中字丁《よおろ》
・広島県福山市神辺《かんなべ》町川南字丁《ようろ》
・同県山県郡北広島町丁保余原《よおろほよばら》

右では「丁」の漢字を「よろ」「ようろ」「よおろ」と読ませている。これらの仮名は単に表記の違いにすぎず、実際の音はほとんど同じであろう。なお、字名《あざめい》の丁は現在では地番表示に変わっており、インターネットの例えばグーグルやヤフーの「地図」で調べても出てこない。確認しようとすれば、国土地理院の地形図や、角川書店の『日本地名大辞典』の小字一覧などに当たってみる必要がある。

「丁」の字は漢和辞典によると、「テイ」「チョウ」の音と、「ひのと」「よぼろ」などの訓をもつ。漢字の原義は「強い、盛ん」ということらしい。転じて「壮年の男子」をも指し、中国・唐代の法制では二一―五九歳の、これにならった日本の律令制下では二一―六〇歳の男性を意味していた。

一方、訓の一つであるヨボロは古くはヨホロと清音で発音していた。それは膝のうしろのくぼんでいる部分のことで、「ひかがみ」ともいう。ヨホロに丁の漢字を宛てたのは、脚の中心で力仕事を象徴させるとともに壮年男子の意を込めたのではないかと思われる。ヨホロは容易にヨオロ、ヨウロ、ヨロへ転訛する。その変化は、むしろ必然だといってよい。これで先の地名の読み方は了解できる。しかし、そんな地名がなぜ付いたのか。

千葉県香取市の丁子は、その答を求めるうえで、またとない土地である。住民が今日なお、年に一度はかつての「よほろ」の役を務めているからである。すなわち、そこはヨホロの集住地であった。だから、その地名が付いたのである。なお、丁子の「子」は人といったほどの意味であろうが、また親方に対する子方を指していた可能性もある。この点については、のちに改めて取上げることにしたい。

丁子は下総国の一宮、香取神宮から東へ一キロたらずしか離れていない。香取神宮は『延喜式』内の名神《みょうじん》大社であり、第二次大戦前に国が定めていた各神社の社格では最上位の官幣大社の一つであった。また、『延喜式』神名帳で「神宮」と表記されているのは、伊勢神宮内宮、鹿島神宮、香取神宮の三社だけである。要するに、日本屈指の大神社に列せられており、現在の社殿もそれにふさわしい威容を備えている。

香取神宮は祭礼の多い神社として知られているが、毎年四月十五日の神幸祭は最重要の行事とされている。この日は神輿が本殿前を出発、参道入り口の大駐車場まで下ったあと御《ご》駐輦祭《ちゅうれんさい》を行うことになっている。

その神輿をかつぐ人びとを「輿丁」と呼ぶ。輿丁は小学館の『日本国語大辞典』や、岩波書店の『広辞苑』などでは「よてい」と読ませているが、香取神宮では神社関係者も神輿をかつぐ人たちも「よちょう」と言っている。これは、どちらが正しいということはあるまい。丁には、もともとテイとチョウの音があるし、輿丁と同義の「駕輿丁」は古代から「かよちょう」と読み慣らわしている。ついでながら、駕は「貴人の乗り物」、輿は「乗り物」のこ

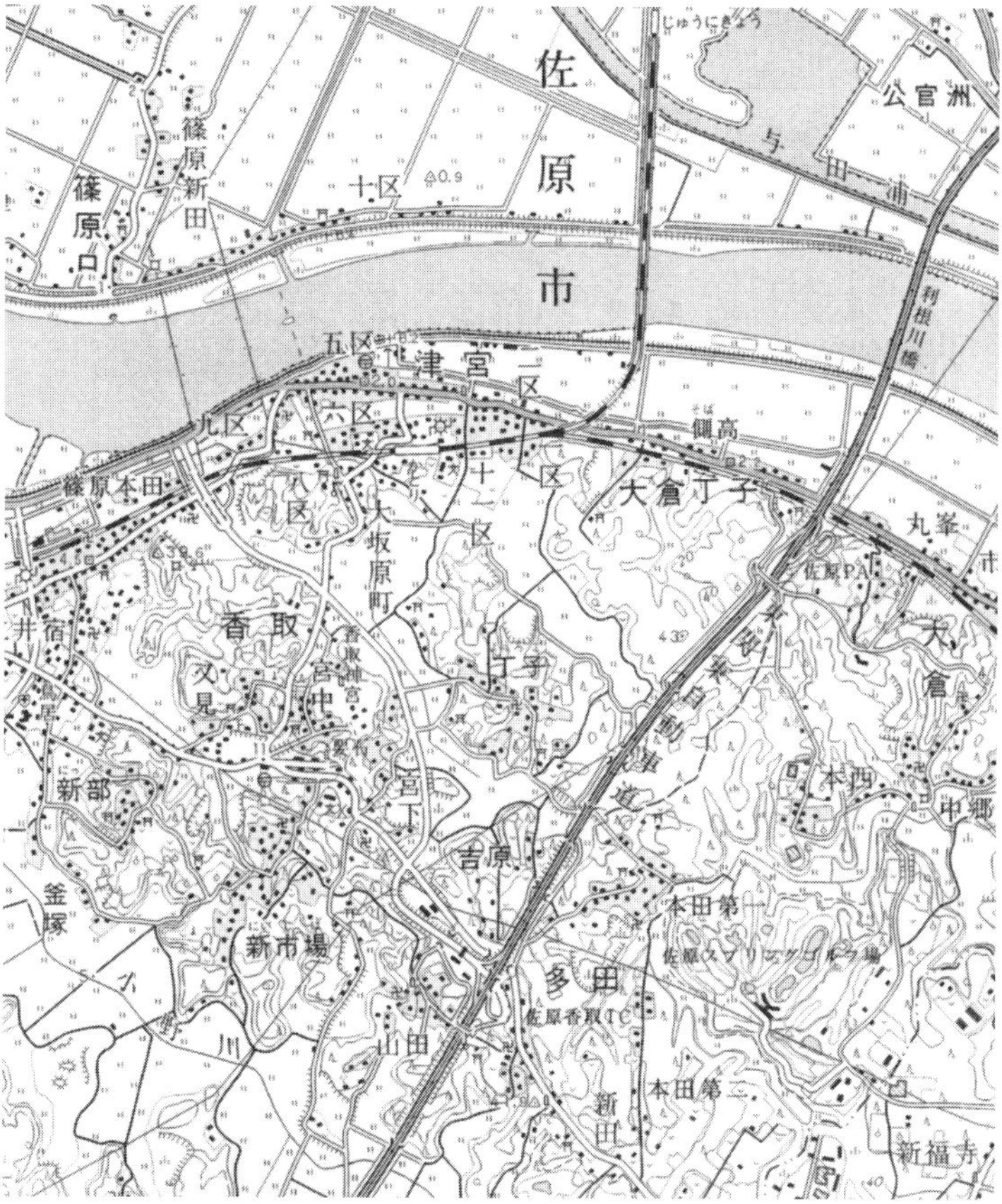

香取市丁子（ようろご）は香取神宮のすぐ東に位置している。
国土地理院５万分の１地形図「潮来」より。

とである。したがって、神輿（みこし、しんよ）は「神の乗り物」の意になる。輿丁は無理に日本語の訓をつければ、「こしのよほろ」となるだろう。すなわち、輿をかつぐ人のことであり、香取神宮の祭礼の場合は当然、神輿をかつぐ男性を指している。それを単に「よほろ」と呼んでいたことは、丁子の地名によってわかる。

香取神宮の輿丁は、いつとも知れないころから丁子の住民が務めることになっていた。これにわずかな例外が生じたのは、先の大戦のあいだであった。壮年男子が兵役にとられて手不足となり、やむなく他地域の助けを借りるようになり、それは今日までつづいている。しかし、それでも輿丁の大半が丁子から出ることに変わりはない。

この事実によって、香取神宮の祭礼にあたりきわめて重要な役割をになう輿丁は、特定の集団が務めることになっていて、その人びとが居住していたため丁子の地名ができたことが裏づけられるといってよいだろう。

2　神幸祭で神輿をかつぐ

香取神宮の神輿は、二〇人ほどでかつがれる。左右に二本並んだ長柄の輿《こし》の前と後ろ、合わせて四ヵ所のそれぞれに四、五人ずつ、輿の両側に二人くらいが配置されるのである。その輿丁はみな、黄色の直垂《ひたたれ》を着て頭には烏帽子《えぼし》を載せている。足は白足袋である。

毎年四月十五日の神幸祭には、丁子の区長と副区長、区内に四つある班の各班長のほか、一班から二、三人が輿丁役に出ることになっている。各役職も、その年の参加者も、ほぼ持回りなので、丁子で暮らす男子なら生涯に少なくとも数度は神輿をかついだ経験をもっている。現在（平成二十八年一月）の区長の父君で、かつて自分も区長であった多田悦造さん（一九三二年生まれ）は、

「丁子の住民で輿丁に出るのを嫌がっている者はいないでしょう。それはわたしらの誇りでもありますが、ものごころついて以来ずっと、当然するべきことと思っているんですよ」

と話している。

前記のように、戦前まで輿丁はすべて丁子から出していた。それが戦争中の男手不足で他地域の応援を仰いだのをきっかけに、いまもその習慣がつづいている。応援は丁子の一五人ほどに対して六、七人であり、うち二人は大倉丁子《おおくらようろご》からである。大倉丁子は丁子の北東隣の集落だが、江戸時代に丁子住民が入植した新田《しんでん》村である。

神幸祭の神輿は正午に本殿前を出発、表参道を南西方向に位置する大駐車場に向かって下っていく。ほかの神社の祭礼ではよくあるような「ワッショイ、ワッショイ」はない。笛もなければ、太鼓もない。あくまでゆっくりと、厳粛に進んでいくのである。香取神宮では、いつのころからか神の動座とは、そのようなものだと考えられているのであろう。ただし、これが日本の固有信仰いわゆる神道の原初の姿だともいいきれないのではないか。神楽なども、いまでは優美そのものの静かな舞いになっているが、元来は憑依《ひょうい》をともなった激越な踊りであった。

その辺はともかく、神幸列は一時間ばかりで駐車場に着き、ここで御駐輦祭を催行する。

平成26年の式年神幸祭で輿丁役などを務めた丁子住民ら。
丁子コミュニティーセンターの保存写真より。

そのあと下りとはルートを変え、脇参道を通って本殿前に帰り、午後三時ごろ神幸祭が終わる。以上は毎年の例祭の話である。このほか一二年に一度、午年《うまどし》に式年神幸祭というのが行われる。こちらが香取神宮における本来の神の動座であることは、その式次第によって明らかだといえる。つまり、例祭は簡略化された行事にほかならない。

直近の式年神幸祭は平成二十六年四月十五日、十六日の二日間にわたって行われた。丁子から出る輿丁役は、例祭のときは一五人前後である。しかし、大祭には六〇戸くらいの全戸が一人ずつ出している。だいたいは家を継いだ男子であった。

六〇人ほどは三組に分けられる。神輿がかつがれる前日の十四日には式年大祭が開かれ、その手伝いに当たる人数がいるからである。大祭で純粋の輿丁を務めたのは、神幸初日の一五人、二日目の一五人の合わせて三〇人くらいであった。あとは旗持ちや弁当担当などである。

十五日の朝、神輿は本殿前を出ると、例祭のときとは違って道を北にとった。こちらは現在は裏参道になっているが、もとは表参道であった。神幸の大行列は旧参道をゆっくりと進んで、二キロばかり先の利根川べりに着く。そこには津宮《つのみや》の大鳥居が立っている。木製の彩色をほどこしていない高さ九メートル余のその鳥居は、利根川の土手の川に面した側にあり、古代には香取神宮への入り口であった。

輿丁たちが、ここで神輿を御座船に移したあと、船は利根川を遡っていく。そのあいだに船上祭が行われ、やがて二キロほど上流の佐原口に上陸、神輿は再び輿丁たちにかつがれ、佐原市街のお旅所に着いて一泊する。ここまでが一日目の輿丁の役割である。二日目は交替の輿丁の出番で、朝から佐原市街をめぐり歩きながら神宮へ向かい、夕方にはもとの場所へ戻ってくる。

式年神幸祭は、古くは二〇年に一度の「式年遷宮《せんぐう》」にともなって行っていたといわれている。式年遷宮は一定の期間ごとに社殿を建て替え、新殿に神体を遷すことである。周知のように、現在でも伊勢神宮では二〇年に一度、出雲大社ではおおむね六〇年に一度、遷宮をつづけている。

香取神宮の式年神幸祭は一五世紀の応仁の乱を境に衰え、永禄十一年（一五六八）を最後に明治時代まで途絶えていたらしい。明治八年（一八七五）に復興後は毎年行っていたが、同十五年からは午年ごととなり現在に至っている。

3　香取社神人《じにん》の村であった

丁子の名が初めて文献に見えるのは、正安二年（一三〇〇）の「摂政二条兼基家政所下文《まどころくだしぶみ》」である。ただし、そこでは「丁古《ようろご》」と表記されている。このあと間もないころに成立した文書にも「丁古頼幹」なる人物の名が出てくるので、一四世紀初頭には丁古と書くのが普通であったらしい。

「丁子」なら、少なくとも香取神宮に関係する者には、何のことかすぐわかったはずである。しかし、「丁古」では意味をなさない。これは、もとは丁子の文字を用いていたのに、時間が経過するうちに宛てる漢字が変わったことを示唆している。地名では時代とともに表記文字が変化する例は珍しくない。というより、よくあることであった。

丁子の資料上の初出時期は正安二年とするほかないが、右に述べたことを考えると、その地名はもっと前にできていた可能性が高い。そうして既述のように、香取神宮のヨホロ（この場合は輿丁）がここに集住していたため、そのような地名が付いたのである。

香取神宮は、『日本書紀』の「神代下」第九段に「楫取《かとり》の地《くに》」に在《ま》す神として登場する。『書紀』が成立した七二〇年には、すでに正史に扱われるような格式の神社だったのである。当然、相当数の神官と、それを支える神人がいたろう。そのときから専門の輿丁役がいたかどうか確認できないが、遅くとも平安時代には輿丁の集団が生まれていたとみてよいのではないか。今日の輿丁役の衣装が、平安期のそれだといわれているのも故ないことではない。

古代から中世にかけての丁子住民の仕事は、祭礼の折りに神輿をかつぐだけではなかったろう。もっとほかの神役、例えば社殿の造営・修復や境内の清掃、樹木の管理、祭礼の諸準備などにも当たっていた可能性がある。丁子の住民は中世、高位神官の大禰宜《おおねぎ》殿の「御門辺りの庭薙所《にわなぎしょ》役」を負担していたことが知られている。そのような役務の対価として、田畑の耕作権を与えられていたはずである。

丁子集落の性格を考えるうえで気になる地名が、そこから西へ四キロほどにある。現在の住居表示では香取市佐原イ字丁長《ていちょう》という。ただし、正式には丁長は地番に変えられており、いまではほとんど使われておらず、近所でも知らない人が多いようである。だが、国土地理院の地形図にはJR成田線佐原駅のすぐ北西に載っていて、角川書店『日本地名大辞典』の小字一覧にも記されている。

香取神宮表参道入り口の鳥居。

「丁長」は、香取市役所税務課の資料では「ていちょう」の仮名が付いている。これでも「ヨホロたちをたばねる立場の者」の意になる。しかし、古くは「よほろおさ」と訓読していたかもしれない。もしそうなら、字義は一層はっきりする。

いずれにしろ、佐原は香取神宮の門前町といってよく、ヨホロの長が住んでいたとしても少しも不思議ではない。これはあくまで、そうだったとすればの話だが、その人物は高位の神人か、中位くらいの神官かであったろう。そうして、丁子の人びとは、その支配下にあって職能民と農民を兼ねる神人の身分に位置していたと思われる。

香取神宮の神人が住んでいたのは、むろん丁子だけではない。同社は、とくに古代・中世には広大な神領を所有していた。それは「香取十二ヵ村」とか「香取十二郷」などと呼ばれていたが、いまのどこに当たるのか確定することはできない。

ただ、その中に「二俣村」があって、前記の大禰宜殿「御門辺りの庭薤所役」を丁子とともに負担していた。また、早くから村内に「灯油料所」が設定されていたこともわかっている。灯油は、ここでは神宮で使う灯明用の油のことである。二俣は資料には多俣《たまた》、田俣とも見えるが、既述の大倉丁子には玉田神社が現存し、隣の大倉には玉田の小字が残っている。これから考えて、丁子の北東部にあった村らしい。

さらに丁子の五キロくらい南には油田《あぶらた》（香取市油田）の地名がある。これも神宮の灯明料を負担する神人が耕作する田によって付いた地名であったように思われる。

油田のすぐ北、香取市織幡《おりはた》は確実に香取の社領だったことが知られるが、これも織物を貢納する役目を負っていたことで付いた地名であったかもしれない。そうだとするなら、もとは「織機《おりはた》」とでも書いたのではないか。

ほかにも、式年神幸祭のとき御座船が出る浜鳥居の所在地、津宮も社領の一つであった。前にも触れたように、ここは古い時代の表参道の入り口に当たっていた。いまは利根川に面しているが、本来の利根川ははるかに上流の現茨城、千葉、埼玉三県の境あたりで今日の江戸川の流路をとって東京湾に注いでいた。

津宮の前面は利根川、霞ヶ浦、北浦などがつながった広大な内海であった。香取神宮は、その内海に突き出した岬の上に建てられたのである。香取の古い表記、楫取の「楫《かじ》」は舟の舵《かじ》を指していたといわれる。その当否はともかく、香取神宮は漁民たちに供祭物《くさいもつ》を課す権利をもち、津宮あたりにはその役の神人が集住していたと思われる。

4　香取神宮の衰退と復活

丁子字《あざ》御城の大原秀男さん（一九四六年生まれ）は、二六歳のときに家を継いで以来、毎年のように輿丁役を務めている。だから、一二年に一度の式年神幸祭でも、これまでに四度ほど神輿をかついできた。

「神輿はずしりと重いので、よほど気をつけていないと肩を痛めます。とくに坂のところでは、下の方の者が大変ですよ。それから背の高い人にも負担がかかりますねえ。うんと高い場合は輿かつぎからはずします。旗持ちをしてもらうんですよ」

大原さんは、そう話している。

その自宅の所在地「御城（大原さんはオンシロと発音する）」は、背後の山崎城によって付いた地名である。同城は一六世紀後半の築城だとされている。そこは丁子集落が立地する丘陵の北西端に当たっており、「山崎」は「山の突端」を指すと思われる。このあたりは一六世紀末ごろには山崎村と呼ばれ、丁子村の枝村であった。

山崎城が縄張りされたころ、打ちつづく戦乱で香取神宮は疲弊しきっていた。とくに永禄三年（一五六〇）、安房（千葉県南部）の正木氏が下総国へも勢力を伸ばして、「香取をも打《うち》破《やぶる》べきよし」との情報が入ったため神宮では神輿を前殿《まえどの》の大床に立て置いたが、それすら打破られかねない状態になった。神宮は戦国大名の狼藉の前には、なすすべもないほど権威を失っていたのである。古来の式年神幸祭が最後に行われたのは、その永禄の十一年だったと伝えられている。

山崎城の城主がだれであったか、わからない。しかし、その位置から考えて香取社の陣営側にいた武将だったのではないか。その山城には土塁、空堀、掘建て柱などの跡が残り、いまは頂に側高《そばたか》神社の祠が建っている。神社の氏子は御城の八戸だけである。

東日本の、とくに関東地方あたりでは、山城の麓にはしばしば「根小屋」の地名が付いている。それは「根方の住居」の意であり、家臣団の住まいが並んでいたためにできた地名である。だから「城下村」を指しているといってもよい。丁子の小字一覧には「御城」はあっても「根小屋」はないが、わたしはひょっとして通称地名にでも残っていないかと思って、大原さんにたずねてみた。そうすると、

「それは、うちの屋号ですよ。うちは屋号を根小屋五右衛門というんです」

丁子の山崎城跡。中央左寄りに見える家の屋号が「根小屋五右衛門」である。

と、打てば響くような答が返ってきたのだった。

各地で特定の小字の所在地を地元の人に訊くと、「それは地名ではない。どこそこの家の屋号だ」という返事に接することが少なくない。人が集まり住む集落などでは、かつては田んぼの一枚一枚や、家の一軒一軒に地名が付いていた。後者の場合だと、屋号と地名の区別がつかなくなる。大原さん宅も、それであろう。なお「五右衛門」は、ある時代の大原家当主の名前であろう。本書の第四章で紹介した新潟県柏崎市鵜川は同姓の家が多い村で、お互いが屋号で呼び合っていたが、その大半は「半十郎」「藤兵衛」「伊之助」など過去の当主の名前を用いていた。

話を根小屋に戻すと、丁子の東部の大

倉にも「御城」「根古谷」の小字がある。こちらの御城は、角川の「小字一覧」では「みしろ」の仮名が付いている。根古谷が根小屋の意であることは、いうまでもない。

ネゴヤの宛て字で最も興味ぶかいのは、

・千葉県匝瑳《そうさ》市飯高《いいだか》字城下《ねごや》

であろう。

この例は漢字の音訓を全く離れた、意味のみにもとづく表記だが、ネゴヤが何を指す語かを明瞭に示している。

ネゴヤ地名は、すでに消滅して資料にのみ現れるものも含めたら、おそらく百ヵ所を超すだろう。次は、そのごく一部である。

・秋田県北秋田市米内沢《よないざわ》字根小屋
・福島県南会津郡南会津町田島字根小屋
・茨城県石岡市根小屋
・千葉県八街《やちまた》市根古谷
・埼玉県比企郡吉見町北吉見字根古屋
・栃木県那須塩原市宇都野字根古屋
・群馬県甘楽《かんら》郡下仁田町西野牧字根小屋
・神奈川県相模原市緑区根小屋
・新潟県糸魚川市根小屋

◆山梨県北杜《ほくと》市須玉町江草字根古屋
◆静岡県沼津市根古屋
◆愛知県新城《しんしろ》市豊島字根古屋

このほかの例も含めて、わたしが確かめたかぎりでは「ネゴヤ」のわきには必ず山城跡が残っていた。

丁子の根小屋の背後にあった山崎城は江戸時代に入ると、もちろん打ち捨てられている。いや、その前すでに廃城になっていたかもしれない。

香取神宮にとって、江戸期は受難の時代であった。社領はわずか一〇〇〇石にすぎず、大宮司や大禰宜など最高級の神官でも、それぞれ一四〇石の配当に制限されていた。既述のように、この期間には式年神幸祭は全く行われなかったようである。丁子住民も輿丁には出ていなかったかもしれない。

香取神宮が息を吹き返すのは、明治維新後である。新政府は仏教を弾圧し、固有信仰に肩入れした。香取は最高位の社格の官幣大社に列せられ、すでに述べたように明治八年（一八七五）から十五年までは毎年、式年神幸祭を催行している。古い時代でも二〇年に一度だった祭礼を、一年ごとに行ったのである。長い雌伏に耐えて新時代を迎えた神宮関係者の熱気がそうさせたのだろうが、やはり無理だったとみえ、以後は一二年に一度になり、現在に至っている。

5　ヨホロは輿丁とはかぎらない

香取市丁子のヨホロは、具体的には輿丁のことであった。しかし、古代のヨホロがみな神輿をかつぐことを職掌としていたわけでない。

八世紀末の帝都、長岡京からは「越前国大野綱丁丈部広公」と記された木簡が出土している。右の「綱丁」は、「よほろ」と読んでいたようである。全く同じ文字が九世紀前半成立の仏教説話集『日本霊異記』に見えているので、そのあたりの文章を引用しておきたい。

〈我はこれ遠江の国榛原の郡の人、物部《もののべ》の古丸《こまろ》なり。我、世に存《なが》へし時、白米の綱丁《よぼろ》として数《あまた》の年を経たり。百姓の物、非理に打ち徴《はた》る。その罪報に由りて、今この苦を受く。願はくは我が為に、法華経を写し奉らば、我が罪を脱《まぬが》れむ〉（角川文庫版による）

校注者の板橋倫行氏は「綱丁」に「よぼろ」の仮名を振っているが、『霊異記』より一世紀余りのちの『倭名類聚抄』では「与保路」の字を宛てているので、九世紀前半にはまだヨホロと清音で発音していたかもしれない。

いずれであれ、現在の静岡県榛原《はいばら》郡に住んでいた「白米の綱丁、物部古丸」は各地から米を集めて、おそらく国衙《こくが》（国司の役所）へ運ぶ人夫たちの長であった。ところが、何かと言いがかりをつけては非理に徴収し、百姓《ひやくせい》を苦しめていた。そのため死んだあと悪報を得たのだと『霊異記』は述べている。

この場合のヨホロは、運送にかかわる労働者だったことがわかる。「綱」の文字は、その辺を考えて用いたのではないか。綱は荷を縛ったり、人や牛馬が荷を負ったりするのに必要だったはずである。

そうだとするなら、木簡に書かれた「越前大野綱丁丈部広公」も、運送関係の労働者か、その長であったろう。そうして、この人物が住んでいたのは、本章の冒頭に列挙した地名の一つ、

輿丁の正装に身を包んだ丁子の住民。
丁子コミュニティーセンターの保存写真より。

・福井県大野市丁《ようろ》（現今の地名表示では上、中、下に分かれている）

であった可能性が高いように思える。

ヨホロはまた、官に徴発されて労働に従う「役丁《えきてい》」を指す場合もあった。『日本書紀』の武烈天皇三年十一月条には、天皇が大伴室屋大連《おおとものむろやのおおむらじ》に詔《みことのり》して、「信濃国の男丁《よほろ》を発《おこ》して、城《き》の像《かたち》を水派邑《みまたのむら》に作れ」と命じたことが見える。これ自体は作り話であろうが、信濃国から壮年の男子をヨホロとして徴発し、城《き》の造営に当たらせたという意味だと思われる。「き」とは何らかの構造物に囲まれた境域、あるいはその構造物を指す語で

軍事施設のこととはかぎらない。

武烈の時代（といっても、いつのころか正確にはわからないが）には、まだ信濃の国号はできておらず、右の記述はそのまま受取れない。しかし、ずっとのちの七、八世紀ごろになると、諸国から大和の都へ役丁を徴発することは盛んに行われていた。彼らは出身国ごとに一ヵ所へ集められ、飯場のような建物で集団生活を送っていたようである。その集住地は武蔵、飛驒、但馬、出雲、阿波、薩摩などのように、それぞれの国名で呼ばれ、のちには地名となっている。それを国名村とか国号地名といい、奈良県にはおびただしく残っている。地名学者、池田末則氏の『地名の知識一〇〇』によると、「全国六十六ヶ国のうち、十ヶ国を除いたすべての国名が地名として現存する」という。ヨホロの集住によって付いた点では、千葉県の丁子などと同じ由来の地名だといえる。

ヨホロ地名の一つ、
・広島県福山市神辺町川南字丁《ようろ》
は香取市丁子と共通するところが、いくつかある。

ここの丁は黄葉山（紅葉山とも、一三三メートル）の南麓に位置するが、反対側の北麓には『延喜式』内の天別豊姫《あまわけとよひめ》神社が鎮座している。この神社は元来、黄葉山を神体としていたと思われ、現在の町名になっている「神辺《かんなべ》」は、古語で神体山を意味する「神奈備《かんなび》」が訛った可能性が高い。つまり、同社はただの式内社ではなく、いつとも知れないころから一帯の住民の信仰を集める神の座であったらしい。その点で丁子に対する香取神宮に、よく似ているといえるだろう。

また、香取神宮は「香取の海」と呼ばれる広大な内海に面していたが、天別豊姫神社の前も縄文時代には福山湾が湾入する入海《いりうみ》であったと考えられている。そこは「穴海《あなのうみ》」といわれていたようで、のちの資料に現れる「安那郡」は、その遺称に間違いあるまい。要するに、香取も天別豊姫も内海漁民たちが斎《いつ》く神であった。

古代には神体山であった黄葉山にも、中世には山城が築かれ、そのため古城山の異称もある。その北麓には「神辺固屋《こや》」なる一角があった。現在の同町川北字小屋、上古屋、下古屋は、それに対応する地名であろう。別に深い意味があるわけではないが、丁子の山崎城と根小屋の関係を思い出させる類似といえないこともない。

神辺町の丁が、どんな種類のヨホロであったのかわからない。これは多くのヨホロ地名でも同様で、香取の丁子のような例は、むしろ稀なのである。なお、
・広島県北広島町丁保余原
の「ほよばら」とは何か気になる人もいるかもしれないので、ひと言しておきたい。

ここは、もとは丁と保余原の二つの村であって、いまも地内には丁と保余原の地名が存在する。前者はヨホロ地名だと思われるが、後者の語義ははっきりしない。ただ、ホヨとは古語でヤドリギのことである。海産動物のホヤも、同じ語源であろう。

ヤドリギは、ヨーロッパなどでは聖なる植物とされていた。ジェイムズ・フレイザーの大著『金枝篇』は、それを追究・立証しようとした書であり、題名の金枝とはヤドリギのこと

である。ホヨが日本でも聖樹の扱いを受けていたかどうか未考だが、その可能性がなかったとはいえまい。あるいはホヨバラとは、ホヨの多く見られる原に付いた地名かもしれない。

6　岐阜県の養老と千葉県の養老

「養老」という地名は、各地になかなか多い。その中で何といっても知られているのは、

・岐阜県養老郡養老町（町内に養老の滝がある）

・千葉県市原市養老（地内を養老川が流れ、その上流に養老渓谷がある）

の二つであろう。ヨウロウはヨウロと音が近い。両者は関係があるのかどうか。それを取上げてみたい。

まず、岐阜県の方である。この地名は高さ三〇メートルの滝から始まっている。

霊亀三年（七一七）九月二十日、元正女帝は美濃国多芸《たぎ》郡に行幸して「多度山美泉」を見たことが、七九七年成立の『続日本紀』に記されている。この美泉とは、いまの養老の滝のことである。「ある貧しい男が、その水は酒であることを知り、これを汲んで老父を養っていた」という伝説が、当時すでに語られていたらしい。女帝は、それを耳にして滝を見物する気になったようである。女帝が滝から霊威のようなものを感じとったことは、その年の十一月十七日に「霊亀」を「養老」と改元し、翌年二月には再び美泉を訪ねた事実によって裏づけられる。

以後、滝は「養老の滝」と呼ばれるようになり、やがて養老山、養老神社、養老寺などに

波及、明治維新後は養老郡、養老町も生まれている。つまり、縁起のよい名として次々に広がっていったのである。要するに、岐阜県の養老は元正天皇の行幸と改元をきっかけにできた人工地名であり、古代のヨホロとは何の関係もないことになる。

一方、千葉県の養老の由来は、それとは全く違っている。市原市養老は、養老川がここで大きく蛇行し、川に取り囲まれたような立地であったため、明治八年（一八七五）に付けられた地名である。すなわち、川の名の方が古い。川名の起こりについて、角川書店の『日本地名大辞典』は、

- 岐阜県養老の東遷地名といわれる。
- 「ひかがみ」（膝の裏側）を意味する古語「よほろ」によるもので、蛇行の顕著な河川を膝の屈曲にたとえた。

の二説を紹介している。わたしは、いずれも誤っていると思う。

この問題を考えるうえで、まず注意すべきは、現養老から直線距離で八キロばかり下流にあったと推定されている「与宇呂保《よううろほ》」なる地名である。資料上の初出は鎌倉時代の末期で、そこにあった「浄住寺」とは、いま市原市中高根に現存する「常住寺」のことなので、与宇呂保は中高根を含む一帯の地名だったことが確実である。なお、「保」とは、数ヵ村を合わせたくらいの広さを指す地域単位である。

中高根は、いま養老川と呼んでいる川の左岸に位置する。そのあたりにあった地名のヨウロ（与宇呂）は、ヨウロウに音がごく近い。そうだとすれば、二つを結びつけて考えてみる

市原市中高根の常住寺。鎌倉時代末の資料には、与宇呂保の「浄住寺」として見える。

ことには理由があるといえる。

川の名というのは、どれによらず古くは流域ごとに呼び方が違っていた。養老川でいえば、大川、高滝川、手綱川、五井川、加茂川、烏宿《うしく》川などである。人びとは、川がどこからどこへ流れていくか正確には知らず、全体を指す呼称など思いつくはずもなかったため、それぞれの土地の名を付けることが少なくなかったのである。

養老川は江戸時代には、しばしば「用呂川」と表記されていた。もし、美濃国（岐阜県南部）からの東遷地名であったとするなら、一貫して「養老」の文字を用いていたはずである。この名は養老が縁起のよい漢字だからこそ、ほかの名に借用されたと思われるからである。

用呂川の名は、与宇呂の近隣住民が地

名をとって名づけた可能性が高い。ちょうど上流の高滝という滝にちなんで高滝川、中流の烏宿（いま牛久と表記）によって烏宿川、河口に近い五井から五井川と呼んでいたようなものである。

与宇呂保は、現養老川の中流と下流の中間あたりに位置していた。つまり、元来の用呂川は、その近辺にかぎった呼び方であったろう。それがだんだんと全体へ広がっていくとともに、好字の「養老」へと表記が統一されていったのだと思われる。川に一つの名を与える習慣が始まったのは、それほど古いことではなく、普遍化したのは近代以後ではなかったか。それはおそらく、国家による広域地図の作成作業と関係していた。

いずれにしろ、文献に見えるかぎりでは、「ようろ」の地名の方が「ようろ」という川の名よりずっと古い。これを否定する文字資料が現れれば別だが、現状では川の蛇行によって地名ができたとする説には無理があるというほかない。

最後に残る問題は、「与宇呂保」のヨウロとは何かである。これに証拠をもって答えることは難しい。ただ、本章でこれまでに紹介してきた事例から、ヨホロ地名の可能性があることだけは間違いないと思う。

7　そのほかの「養老」地名

岐阜、千葉両県以外でも「養老」の地名は珍しくない。

・北海道十勝郡浦幌町字養老

・同標津《しべつ》郡中標津町字養老牛《ようろううし》
・京都府宮津市にあった旧養老村
・兵庫県加古川市平荘《へいそう》町養老
・広島県三原市本郷町船木字養老
・愛媛県今治市波方《なみかた》町養老
・高知県土佐清水市養老
・大分県豊後大野市にあった旧養老村
などである。

右のうち、北海道浦幌町の養老は典型的な借用地名である。ここには岐阜県選出の衆議院議員、大野亀三郎らが開いた岐阜農場があり、同県出身の小作人が多くいたことから昭和二十八年（一九五三）、故郷の養老の滝にちなんで名づけられたのである。

京都府宮津市の旧養老村も、明治二十二年（一八八九）に岩ヶ鼻村など八ヵ村が合併した際、採用された人工地名であり、いまも養老小学校、同中学校に、その名を残している。

兵庫県加古川市の養老は、この地の有力者だった滝氏の姓から養老の滝を連想して明治十年（一八七七）に作られている。

大分県豊後大野市の旧養老村は、地内にあった「酒井」から酒が流出し、孝女が老父に捧げたという伝説があって、それにもとづき付けられた。

これらは、そこで暮らしていた人びとのあいだに無意識のうちに生まれた地名ではなく、地域の歴史をさぐるうえでほとんど役に立たない。その点では自由が丘やあざみ野、日の出町（わたしは、この名の町に住んでいる）などの類より、いくらかましかもしれないが、旧地名を破壊することに変わりはない。

北海道中標津町の養老牛は、アイヌ語のエヨロシまたはエオルシに由来する、いわゆるアイヌ語地名である。ここには温泉があり、かつては標津温泉といっていたが、いまは養老牛温泉と呼んでいる。

高知県土佐清水市の養老は江戸期の資料にすでに見え、人工地名ではなさそうである。前記『日本地名大辞典』によると、ここは南向きの谷で冬暖かく、近くの加久見村の老人が隠居所に選んだため、その名が生まれたと伝えられているという。この説は、すこぶる疑わしいとわたしは思う。右は地名がまずあって、その文字から伝説が作られたのではないか。例えば同市南端、足摺岬の四国霊場第三八番札所、金剛福寺とかかわるヨホロ地名の可能性があるかもしれない。

愛媛県今治市の養老については、いつごろ生まれた地名かわたしは確認していない。したがって、何かいえる材料をもっていないことになるが、町内に「用路《ようろ》越《ごえ》」の小字があり、これとの関係が気にかかる。

広島県三原市の養老も、いつごろからの地名かわからない。ただ、ここを含む船木は古代から船材の供給地として知られ、『日本書紀』推古天皇二十六年是年《ことし》条には、その材を「人《おほ》夫《みたから》を派《や》りて伐らしむ」という記事が見える。すなわち、船木とは船材のことを指している。

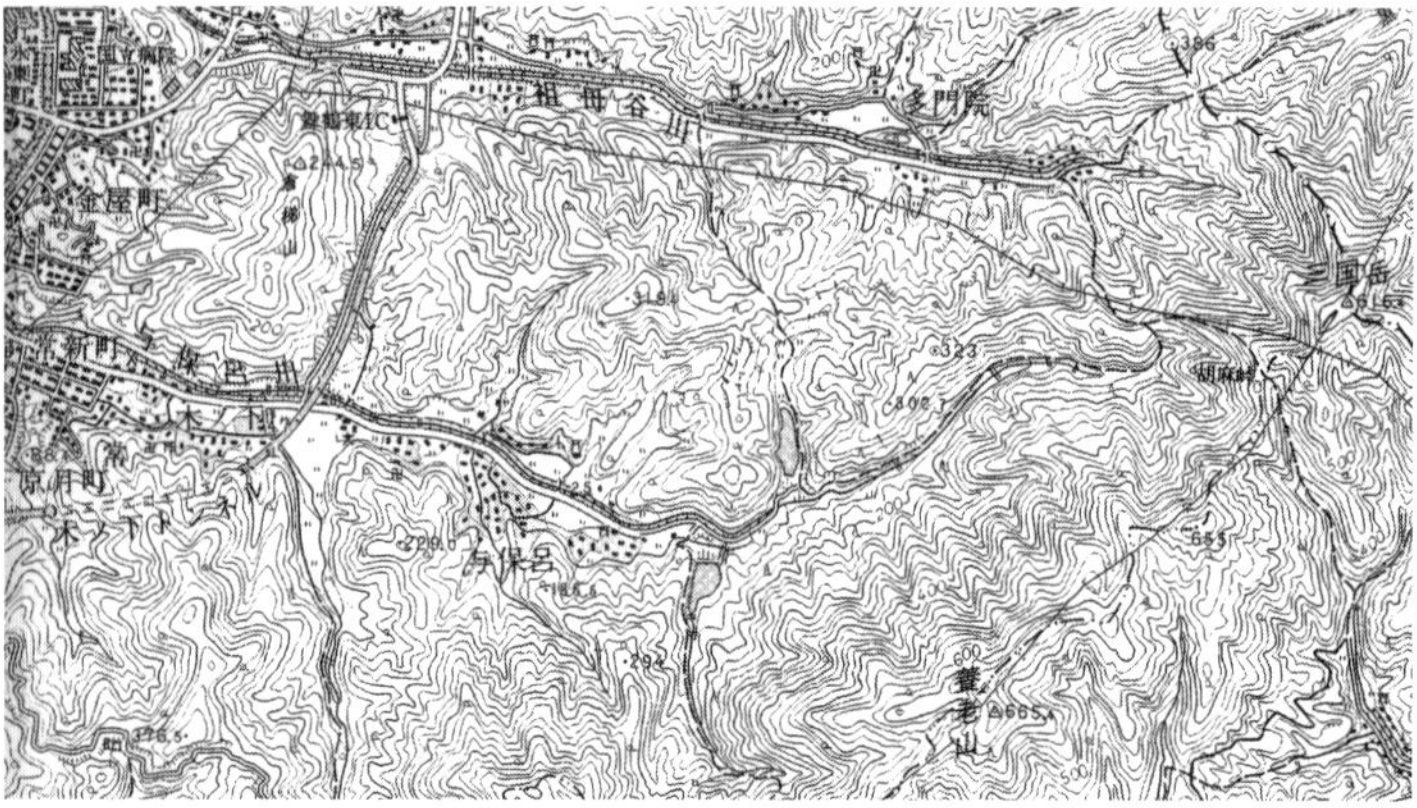

舞鶴市与保呂と綾部市の養老山（国土地理院の５万分の１地形図「舞鶴」より）。
与保呂と養老の関係がよくわかる。

その作業に当たっていた労働者の集住地があったことは十分に考えられる。

次は山名だが、

・京都府綾部市の舞鶴市境に近い養老山（六六五メートル）

は、おそらくヨホロ地名であろう。

この北麓に発する与保呂川沿いには、

・舞鶴市与保呂

がある。この地名は古く、鎌倉時代にはすでに見えている。

『加佐郡誌』（一九二五年）によると、京都府福知山市大江町天田《あまだ》内《うち》（旧加佐郡大江町）に鎮座する豊受《とゆけ》大神社の祭神、豊宇《とよう》気《け》大神の神勅によって神戸《かんべ》、仕丁《よほろ》が設置されたことで付いた地名だという。同神社は、なぜか元伊勢神社とか外《げ》宮《くう》（伊勢神宮外宮と同名）とも称する古社である。右の指摘に明証があるわけでもなく、舞鶴市与保呂は豊受神社からは二五キロほども離れていることも気になるが、与保呂は古語の「よほろ」と音が全く同じであることを考えると、その可能性は小さくない。

与保呂の東方山中にそびえる養老山は、もとは与保呂山といっていたろう。それがいつのころかに、縁起のよい養老の文字に変えられたと思われる。それは千葉県の与宇呂と、その上流の養老渓谷との関係に似ているといえそうである。なお、

- 鳥取県八頭《やず》郡八頭町用呂
- 山口市阿東地福上《じふくかみ》用路

などもヨホロ地名かもしれないが、その立証は難しい。

8　もう一つのヨホロ「駕輿丁《かよちよう》」の話

既述のように、駕輿丁は輿丁と同義の言葉である。繰り返しになるが、駕は「貴人の乗り物」、輿は「乗り物」を指す。駕輿丁のことを調べると、古代のヨホロという集団のみならず、現行のヨホロ、ヨウロ、ヨウロウなどが付く地名を理解するうえで参考になることが少なくない。

京都市左京区八瀬《やせ》は、かつて駕輿丁の集住していた土地として知られている。そこは京都市街の北郊に当たり、寂光院、三千院の所在地、大原の南隣の村である。八瀬は現在、秋元、近衛、野瀬、花尻町の四つの行政区に分かれている。

八瀬は古代には、東側にそびえる比叡山の延暦寺領であった。中世には天台宗の門跡寺院

(皇子や貴族らが住する特定の寺)青蓮院《しょうれんいん》領となり、そこの住民は「八瀬童子《やせどうじ》」と呼ばれていた。八瀬童子は朝廷の駕輿丁を務めるかわりに、課役を免除されていた。彼らがなぜ、そのような地位を得たのかはっきりしないようである。八瀬の男性は大人になっても子供のように長く垂らした童髪《わらわがみ》のままで、そのため男女の区別がつきにくかったらしい。

八瀬童子は明治以後も、明治・大正両天皇が崩御した際、棺を載せた輿をかついでいる。平成十九年一月、わたしが現在の「八瀬童子会」に所属する男性(一九四一年生まれ)に聞いた話では、大正天皇のときは八瀬から一二〇人ほどが出ていったという。昭和天皇の大葬になると、さすがに一村落の住民に棺をかつがせるだけの名分がないと考えられたのであろう、身長をそろえる必要があるとの理由で皇宮警察の護衛官が駕輿丁を務めたのだった。それでも八瀬から七人が参列、お手伝いに当たった。右の男性は、その中では最年少であった。近代になってもつづいていた朝廷との関係は、前章で紹介した徳島県美馬市木屋平の三木家の場合と似たところがある。

八瀬は駕輿丁の件を別にしても、不思議な村であった。戦国時代から江戸時代にかけて畿内屈指の窯風呂《かまぶろ》の里で、多いときには風呂屋が一六軒にも達していた。窯風呂は石風呂ともいい、古墳の石室のような形の蒸し風呂のことである。八瀬は都に近いだけ貴顕の保養によく利用され、千利休も入ったことがあった。その窯はもとは炭を焼くためのもので、この内部で表面だけを炭化させた「黒木」は八瀬の女性が頭に載せて京都市中へ行商に出ていた。周知のように、北隣の大原の女性、つまり「大原女《おはらめ》」も同じ黒木売りの行商をしていた。

京都市左京区八瀬に一つだけ残る窯風呂。

駕輿丁のことに話をもどすと、天皇や皇族の輿は古代には、左右近衛・左右兵衛の四府《しふ》に所属する下級職員がになっていた。一〇世紀前半成立の『延喜式』によると、その人数は合わせて三〇〇人となっている。駕輿丁は京内に集団で居住し、かたわら運送業や商工業に従事していた。彼らは律令制とともに衰退したが、その後は諸国に設定され、都に上番して勤仕する形に変わっていく。そうだとするなら、

・滋賀県蒲生郡竜王町駕輿丁
・福岡県糟屋《かすや》郡粕屋《かすや》町駕与丁
・佐賀市諸富《もろどみ》町大堂《おおどう》字加与丁

などの地名は、かつての駕輿丁の集住地であった可能性が高そうである。

また、本章の冒頭に掲げた「丁《ようろ》」の付く地名の中にも、そうであったところが

あるかもしれない。ただし、いずれの場合も確実といえるだけの証拠を挙げるのは難しい。

第八章　近代、岩手県にあったアイヌ人集落の話

1　歴史学者と地質・火山学者

京都帝国大学の国史学教授、喜田貞吉《きたさだきち》（一八七一—一九三九年）は大正十三年（一九二四）九月、大学へ辞職願いを提出して受理されている。五三歳であった。

喜田は別に何か問題を起こしたわけではない。この直前、東北帝国大学の講師に任ぜられており、そちらの方に専念するためであった。それにしても、はたから見れば、かなり異様な転身と映ったのではないか。教授の地位を自らすてて、全く畑違いの分野に進むのならともかく、同じ大学社会で、ずっと格下の講師の職を受けたことになるからである。

京都大学は、その学識を惜しんで引き留めたが、喜田の決意が固いことを知ると、せめて講義だけでもつづけてほしいと依頼し、翌年四月、改めて同大学講師を委嘱している。そのため喜田は、しばらく仙台と京都を往復する生活をしていた。

喜田を仙台へ赴かせたのは、ひとことで言えば、古代史に登場する蝦夷（えみし）への関

心だったといってよいだろう。蝦夷とアイヌ人との関係については今日なお、はっきりとした決着はついていないが、少なくとも部分的に重なり合っていたことは間違いない。（ちなみに、わたしはアイヌ語地名の分布状況にもとづいて、両者は異なる概念の集団だとの立場をとっている）

蝦夷の居住域は、古代の正史によると、新潟県の北部から東北地方のほぼ全域にわたっていた。その先の北海道は、明治の初めに和人が侵入してくるまでアイヌ人の世界であり、これと史書に現れる記述などを合わせ考えたら、蝦夷とアイヌ人とに何らかのつながりがあった可能性は否定できない。そうである以上、当然、蝦夷への関心はアイヌ人にも及んでいかざるを得ないことになる。喜田の場合も、むろん同じことであった。

喜田が仙台へ赴任する前年の十二月、一人の地質・火山学者が同じ東北大学の講師に任命されている。田中舘秀三《たなかだてひでぞう》（一八八四—一九五一年）である。

喜田は現徳島県小松島市櫛淵《くしぶち》町の、田中舘は現岩手県二戸《にのへ》市福岡の生まれであった。専攻した学問が全く違っていたように、出身地も南と北と遠く離れていた。

喜田貞吉は歴史学すなわち文献学の研究者だったが、その枠におさまりきらないところがあって、現地取材や現場での聞取りを重んじる傾向が強かった。アイヌのことを調べはじめたあとは、古代、中世の文献を博捜するかたわら、北海道のみならず本州における近世、近代のアイヌについても注意をはらいつづけていた。喜田は、明治になっても東北地方にアイヌ人が住んでいたことに気づいていたが、それも右のような研究姿勢によるものであったろう。

ともに東北大学の教員であった喜田と田中舘とのあいだに、ふだんどんな付き合いがあったのかわからない。あるいは、専攻と年齢の違い（喜田が一三歳の年長）などから、顔が合えば会釈をかわす程度の仲だったこともあり得る。しかし少なくとも一回、やや長い時間にわたって親しく話をしたことがあった。

「田中舘君、少しうかがいたいことがあるんだが、かまわないだろうか」

話が何かのついでではなかったとしたら、声をかけたのは喜田の方からであったと思われる。用事があったのは、喜田だったらしいことが書き残した文章によって推測されるからである。

それは、おそらく昭和十二年（一九三七）前後のことで、このとき喜田は田中舘から次のようなことを聞き取っている。以下は『喜田貞吉著作集9　蝦夷の研究』（一九八〇年、平凡社）からの引用である。

晩年の喜田貞吉

田中舘秀三

◆岩手県二戸郡出身の東北帝大講師、田中舘秀三君によると、田中舘君が子供の時分に、乳母とも子守ともして面倒を見てくれた婦人は、二戸郡石切所《いしきりどころ》村のアイヌの娘であり、その父親は長鬚をはやした立派な男で、妻はその夫に対してアイヌと呼称していたという。明治二十年（一八八七）ごろのことである。

◆田中舘君が小学校在学のころ、教員に引率せられて同郡福岡町の区裁判所へアイヌの公判を見学に行かれた。事件は二戸郡在住のアイヌの父子が山へ狩りに行った際、子が誤って親を射《(ママ)》ったという過失傷害罪であった。この家族は、もと二戸郡にいたのだったが、いったん北海道へ移住し、のち再び郷里へ帰ってきたために、北海道育ちの子供は日本語が十分にできない。そこで公判に際し、被害者が被告の通弁をしたというのである。明治二十五、六年のことであったと推定せられる（同巻の一一六ページ以下）。

右の「石切所村」は現二戸市石切所のことで、JR二戸駅の周辺一帯つまり市街南部の大半を含む広い範囲を指す地名である。だから、喜田の文章だけでは、田中舘の乳母をしていたというアイヌ人女性の住まいがどこであったのか、詳しい場所は特定できない。ましてや、過失傷害事件の当事者だった「二戸郡在住」のアイヌ父子の住まいとなると、雲でもつかむような話になってしまう。

しかし、どうも現二戸市のどこかに、たとえ小さくともアイヌのコタン（アイヌ語で集落のこと）があったらしく思われる。それも何百年も昔のことではなく、せいぜいで百数十年ほど前の話である。その辺のことを調べるため、わたしが二戸市を訪ねたのは令和三年十月初旬のことだった。

2　田中舘秀三の生い立ち

取材で知りえたことを語る前に、田中舘秀三という人の、とくに少年時代について紹介しておいた方が話の理解に役立つと思う。

秀三は前記のように明治十七年（一八八四）に、市街北部の現二戸市福岡字《あざ》横丁で下斗米《しもとまい》与三郎、たよの三男として出生している。父の実兄の田中舘稲蔵《とうぞう》は二戸郡長を務めたこともあり、町でも有数の旧家であった。秀三の旧姓が伯父と違うのは、与三郎が下斗米家へ養子に入ったためである。

とにかく、喜田の『蝦夷の研究』に見えるアイヌ人女性が乳母、子守として秀三の世話をしていたのは、東北北部の大河・馬淵川沿いの横丁にあった家でのことである。彼が通った福岡小学校（当時は四年制）も、例の過失傷害事件の公判を見学に行った区裁判所も至近距離にあった。

ついでながら、伯父田中舘稲蔵の長男愛橘《あいきつ》は、周知のように世界的物理学者として知られており、のちその長女美稲が秀三を婿養子に迎えたため、秀三は父の旧姓である田中舘を名乗ることになる。いわば、養家筋から本家へもどったようなものだった。

横丁から北へ一キロ余り、旧市街のはずれに二戸市立歴史民俗資料館（福岡字長嶺）がある。わたしは、館員二人だけの小ぢんまりしたこの資料館へ立ち寄った折り、女性館員から思いもよらぬ好資料を紹介された。

「その話なら、こちらの本にも載っておりますが」

わたしが、喜田の『蝦夷の研究』に出てくるアイヌ人の居住地について何かわかることがないかたずねると、三〇代とおぼしきその女性は、そういって一冊の本を持ってきてくれた。山口弥一郎（一九〇二―二〇〇〇年）の『二戸聞書』で、第二次大戦中さなかの昭和十八年（一九四三）に六人社というところから出版されている。山口は福島県大沼郡新鶴《にいつる》村（現会津美里町）出身の民俗学者で、その長年にわたるフィールド・ワークにもとづいた東北地方研究は、この方面ではよく知られた業績である。ただし山口の著述は膨大で、わたしなども一部には目を通したことがあったが、こんな形で未見の著書に出会うとは想像もしていなかった。

ともあれ、それがだれからの聞書きかといえば、何と田中舘秀三の実母たよさんからなのである。山口は今日、民俗学者とされることが多いが、もとは東北地方の学校教員として地理学を講じており、その縁で東北大学に地理学教室を開設した田中舘秀三の知遇を得て、以後、秀三をこの方面の師と仰いでいた。

山口は、やがて柳田國男の民俗学へも関心を抱くようになり、ひと昔前の東北の暮らしを記録する作業に力を入れはじめる。

「山口君、そういうことなら、わたしの母にも会ってみたらどうだ」

山口が、秀三からそう言われたのは昭和十四年（一九三九）の冬の初めであった。山口にとって、それは願ってもない言葉だった。

同年の十二月下旬、山口は秀三の生家でもあった福岡・横丁の家で数日間にわたり、たよさんから聞取りをしたのである。

3 下斗米たよが語った二戸のアイヌ群像

山口弥一郎がたよさんに会ったとき、たよさんは数えの九一歳だったというから、幕末の嘉永二年（一八四九）の生まれになる。たよさんは、これから一年半たらずのちの昭和十六年四月に死去されている。

『二戸聞書』のアイヌ人に言及した部分は「第十四　アイヌ」と題され、わずか四ページほどにすぎない。これから、そのほぼ全文を引用させていただくことにする。

「六十二（小節の番号＝引用者）、石切所のアイヌ

石切所にアイノと言ふきかない（強い）男がゐた。その顔は何時か東京でみた真当のアイヌと酷似してゐた。松本茂吉と言ひ、茂吉の母を田中舘家で、私の夫与八郎の子守に傭つた事があり、茂吉の次女おこまを秀三の子守に二、三年傭つてゐたので、よく宅へ出入した。長男作之亟《さくのじょう》はかまどを返して何処《どこ》へか行き、長女のそでは上里《うわざと》へ、おこまは大淵へ嫁に行つてゐる。

当時は村の人総《す》べてが茂吉をアイノと呼んでゐた。然しアイノとは必ずしも茂吉のみを言ふのではなく、石切所村附近では、子供が親父を呼ぶのにも用ひ、妻が夫のことを『家《うち》のア

イノが……』とよぶ。又村の人々が他家を訪ねた場合にも『主人がゐるか』といふことを『アイノがゐるか』等親しみを表はす言葉ともなつてゐる。就中《なかんずく》茂吉は顔全部に鬚が生え、頑丈な顔をしてゐたので、皆アイノと言ひ、真当のアイヌと思つてゐた。（秀三氏附記―何時か私はこのアイノと一緒に山道を通つてゐたことがある。前に馬車をひいて通る二十三、四歳の若者がゐた。アイノは『道を開けろ』と命じたが、若者はぐづ〳〵してゐた。アイノは偉い権幕でどなつた。若者は小さくなつて逃げ出した。その時のアイノの顔は物凄く、後年北海道アイヌを思ひ合したことであつた。）

　このアイヌの祖松之亟《まつのじよう》は安永六年（一七七七＝引用者）生れで、浜の方の鳥海村小友《おとも》より晴山へ来住したものであると言ふ。」

　ここで少し注釈を加えておくと、「アイヌ」はアイヌ語で「人間」を意味するが、日本人の耳には「アイノ」とも聞こえたらしく、ちょっと古い文字資料では、しばしば「アイノ」とも表記されている。つまり、二つは別語ではなく、単に表記が違っているにすぎない。いいかえれば、当時、石切所村あたりではアイノ（アイヌ）を男性の敬称のように使っていたのであろう。

　また、文中に見える「鳥海村小友」は二戸市の南隣、二戸郡一戸《いちのへ》町小友に当たるが、ここは一戸駅の南西五キロばかりの内陸部に位置しており、「浜の方」ではない。どうも、現岩手県下閉伊《しもへい》郡岩泉町の小本《おもと》と混同した可能性があるように思われる。

　なお、そのほかの地名については、のちに改めて取上げることにしたい。

「六十三、アイヌの裁判

下閉伊郡安家《あつか》村でまたぎ（猟師のこと）の殺人事件があり、福岡裁判所で調べた事がある。それはアイヌの親子であつたと言ふ。（秀三氏附記―明治二十八、九年頃だつたと思ふ。福岡の小学校に居た時『アイヌの裁判』があるからといつて福岡の裁判所に傍聴に行つたことがある。何んでも当時北海道に住んで居るアイヌが九戸郡に夏の間猟に来てゐた。そして鹿を打つのに、父と子と挟《はさみ》打ちをしようと言ふことになつた。子の方では暗がりに黒い物が向ふから来るので鹿と思ひ込んで銃を打つた。そして過つて父を殺したのだと言ふのであつた。何んでも一円の罰金で済んだと記憶してゐる。私の幼時故判然しないが、話は父は兄の誤りだと言ふ人もゐるが、兎《と》も角《かく》九戸在住のアイヌは北海道へ移住し、それが明治の中頃猟期だけ九戸に戻つて来て猟をして居たことはわかる。何《いず》れにしてもその頃までは北海道とのアイヌの来往が頻繁だつたことを物語るのである。）」

昭和14年当時の下斗米たよさん
（山口弥一郎『二戸聞書』より）

一読して明らかなように、この部分は喜田貞吉の残した記録とかなり違っている。その辺を少しほぐしておきたい。

秀三は明治三十年（一八九七）四月、郷里の福岡をあとにして盛岡の盛岡中学校へ入学しており、裁判の傍聴は同二十八、九年ごろだと考える方が計算が合いそうである。もし、喜田が述べているとおり、同二十五、六年だとしたら秀三は満の七歳ないし九歳、秀三が特別に利発な少年だったことを考えても何が審理されているのか、ほとんど理解できなかったのではないか。それに、傍聴は教師が引率したうえでの見学だったらしく、この点でも、もっと遅い時期がふさわしいように思われる。

いずれであれ、それは昭和十四年から四十数年も前のことになる。記憶があいまいなのは当然で、結局、事件のいきさつを正確に再現するのは困難だとするしかない。

ただ、事件の現場となった「下閉伊郡安家村」については、もう少し説明しておいた方がよいだろう。ここは現在の岩泉町安家に当たる。前記、松本茂吉の何代か前の松之亟が二戸へ移住してくるまで住んでいた可能性がある太平洋岸沿いの同町小本から二〇―三〇キロほど北西になる。

わたしは、小本や安家の周辺にも明治のころまでアイヌ人が居住していたことを取材で確認しているが、いまその話を持ち出しても前後錯綜して理解しにくくなると思うので、別の機会にゆずることにしたい。

なお、秀三の「附記」に出てくる「九戸郡《くのへ》」と事件が起きたとされている「下閉伊郡安家村」との関係が、よくのみ込めない。文章をそのまま受け取れば、当事者のアイヌ人は九戸郡に住んでいたはずだが、そこは安家よりかなり北西に位置している。彼らは九戸郡のどこかから安家へ猟に来ていたということなのか。とにかく、このあたりのことも、いまとなっては確かめる方法はないといえる。

4　息子の記憶と推測

アイヌに関する下斗米たよの話は、以上で終わっている。次は三男の秀三の「附記」である。

「六十四、アイヌ村

（秀三氏附記―母からきいた、その若い時の歌に、『アイノ村の弥三郎はオビラキ村より嫁もらつた。見たりきいたりもらつたども、使つて見たら役にたゝない。この弥三郎は』と言ふのがある。これは七、八十年前の歌のやうである。

当時アイノ村は別にあつたと思はれる。そして内地人と雑婚したが、やはり折合がよくつかぬのを述べたのであらう。

私共の親戚に当る元鹿児島高等農林学校教授の川島明八氏は明治八年〔一八七五＝引用者〕生れであるが、『幼少の時ある村は他と結婚せぬのを知つて居る。それは恐らくアイノ村であつたらう。それで他の内地人は忌みきらつて結婚しなかつたであらう。』と語られたが、七、八十年前まで恐らく福岡辺にアイノ村はあり、内地人の村と餘り交際なく存在したことを意味するのであらう。）（このあとは本筋との関係がうすい記述なので省略させていただく＝引用者）」

右の歌の意味は、いまひとつ明瞭でない。しかし、弥三郎という名のアイヌ人が「オビラキ村（どこか不詳）」の和人の女性を嫁にもらったが、二人の結婚生活はうまくいかなかった、と言っていることは間違いあるまい。

とにかく、右の「七、八十年前」は、安政六年（一八五九）ごろから明治二年（一八六九）ごろになる。それは川島明八が生まれる少し前のことで、明八の両親などは「アイノ村」のことは、かなり詳しく知っていたと考えられる。しかも、明八自身も「（その）幼少の時ある村は他と結婚せぬのを知つて」いたのである。

一方、下斗米たよは嘉永二年（一八四九）の生まれだから、むろん「アイノ村」のことを知らないはずはなかった。そうである以上、息子の秀三も、そこがどこか聞いていたに違いない。さらに、親戚の川島から先のようなことを耳にした際、

「そのアイノ村は、どこにあったんですか」

くらいのことは当然、訊いたろう。

要するに、下斗米たよ、川島明八、田中舘秀三の三人とも「福岡辺」のコタンの所在地は、はっきりとわかっていたとみるのが自然である。のみならず、山口弥一郎も、それを教えられていたことは、まず疑いあるまい。後述のように、そう考えるしかない証拠がある。

それなのに、「六十四、アイヌ村」が奥歯にものがはさまったような文章になっているのは、「他の内地人は忌みきらつて結婚しなかつた」の一節が示している差別の問題に深くかかわっていたためであるに違いない。すなわち、率直に記すことをはばかったのである。それが昭和十四年ごろの地域の空気だったといえる。

しかし、今日、そのような配慮は必要あるまい。コタンがどこにあったのか隠さなければならない理由など、ないはずだからである。

5 二戸のコタンは男神岩の東側にあった

『二戸聞書』の「六十二、石切所のアイヌ」には、「皆アイノと言ひ、真当のアイヌと思つてゐた」松本茂吉と、その一族について次のような記述が見える。

・祖先の松之亟は安永六年（一七七七）の生まれで、現二戸郡一戸町小友（既述のように岩泉町小本の可能性もある）から「晴山」へ来住している。

・下斗米（田中舘）秀三の子守をしていた茂吉の二女おこまは、「大淵」へ嫁に行った。

・茂吉の長女そでは「上里」へ嫁に行った。

右の晴山、大淵、上里は、それぞれ現行の二戸市石切所字晴山、字上里沢（国土地理院の地形図では上里）、字大淵であり、互いに隣接する地域の名である。すなわち、いずれも二戸市街の南はずれで国道4号（陸羽街道）の旧道が馬淵川にかかる荒瀬橋や東北新幹線の鉄橋の付近ないし、そのすぐ北西に位置している。

『二戸聞書』は茂吉自身の居住地には触れていないが、おそらく晴山か、その近くで暮らしていたのではないか。長女と二女は、そこに近接する土地へ嫁いでいる。「ある村は他と結婚せぬのを知つて居る」と述べられていることから考えて、二人の結婚相手がアイヌ人男性であったことは、まず間違いあるまい。

これだけのことがわかれば、だれにだって「福岡辺のアイノ村」がどこにあったのか、いやでも明らかである。文章をつづった山口弥一郎が、それに気づかなかったことなどありえないと思う。

鉄橋の一キロばかり西に男神岩《おがみ》、女神岩と呼ばれる巨岩が馬淵川に面してそそり立っている。その頂はそれぞれ川面からの高さ一八〇メートル、一六〇メートルほどらしい。岩そのものの、ほとんど垂直の壁だけでも六〇―七〇メートルくらいあるのではないか。

とくに男神岩の壮観は、ちょっと比類がないといってよいだろう。この後方の山腹に展望台が設けられており、そこから男神岩を見下ろすことができる（女神岩は見えにくい）。その安山岩の岩は「馬の背中」などといったものではなく、超高層ビルの屋上と屋上のあいだに渡された幅二メートルあるかないかの橋のような感じである。むろん欄干は付いていない。そこをはいながら先端を目指す人もたまにいるそうだが、わたしは遠望しているだけで足がすくんでしまった。

両岩が岩神信仰の対象だったことは疑いがない。後述のように、上里あたりの住民は現に、そう言っている。岩神信仰は巨岩を神としてあがめる古代の宗教に発しており、広く世界の民族に見られる普遍的な観念である。アイヌ人も和人も、その例外でなかったことはいうまでもない。

明治ごろの東北北部のアイヌ人は、北海道のアイヌ人と同じように和人に文化的、政治的、経済的に追いつめられていた。存在自体が危機に瀕していたといってよい。同化政策によっ

展望台から男神岩を遠望する。

て、どんどん数を減らしてもいた。彼らは、それを深い絶望をもって、しかし実際には、なすすべもなく眺めていたのではなかったか。

わずかにできたことの一つが、同じ場所に集住して肩を寄せ合いながら、和人の強圧をしのぐことであったと思われる。そのような避難地の一ヵ所にえらばれたのが石切所村の晴山、上里、大淵の一帯であった。

アイヌ人たちがここに集まった理由の一つは、男神岩、女神岩の存在であったろう。それはアイヌの古くからの神であり、彼らはすがるような思いで日々それを遥拝できる麓にコタンを営むことにしたのではなかったか。

この周辺は山腹の斜面で、農耕民が進んで住みたがる土地ではない。それも、耕作地に執着をもたない狩猟・漁撈・採集民族のアイヌを引きつけた、もう一つの理由だったかもしれない。

6　上里《うわざと》にて

『二戸聞書』の該当部分に目を通したあと、わたしは当然のように上里方面を目指した。途中で矢印の付いた「至《いたる》　男神岩・女神岩展望台」の標識を見つけ、その方向に進んでいった。このときには、まだ両岩については何の知識もなかった。そもそもが初めて耳にする名であった。ただ地図で、そこへの道が上里を通ることがわかっていたので、標識にしたがっていくことにしたのである。

晴山を通り、上里へ入った。これより前に訪れた大淵を含めて、どの集落にも外観上は、かつてのコタンを思わす、どんな特徴もないように感じた。田中舘秀三が裁判を傍聴した明治の半ばからでも、すでに百数十年を経過しているうえ、その後の住民の入れ替わりもあったはずだから、それがむしろ当たり前である。

上里のちょうど真ん中あたりで、ともに電動車椅子に座って、話をしている二人の老婦人を見かけた。

「男神岩へ行くには、この道でいいんでしょうか」

わたしは車から降りて二人に声をかけた。道を確かめるというより、上里についてどんな些細なことでもいいから教えてもらいたかったのである。

「そう、このまま真っすぐ登っていったら、展望台へ着きますよ」

二人が口をそろえて答えてくれた。

「男神岩ってアイヌの神様だったんですか」

わたしは、その名前と、さらにこの村との距離の近さから考えて、あるいは、そういう伝承がかすかにでも残っているのではないかと思いながら訊いた。

「そうですよ。あれはね、アイヌの神様ですよ」

一人が打てばひびくといった感じの、はっきりした口調で答えた。

「そうそう、アイヌの神様なんですよ」

もう一人も即座に同じ言葉を繰り返した。

二人の言い方は、わたしが予想もしていなかったほど明瞭であった。ここら辺では、だれもがそう考え、信じていることで、改めていうまでもない自明のことだと受け取られているのではないか。つまり、それはもう消えかけている古くさい言い伝えではなく、少なくとも一定以上の年齢の住民には、いま現在の感覚であり、意識であるように思われた。ともあれ、二人とも、

「わたしたちアイヌの神様」

とは言わなかったが、どこかにそういう気分があるから、あれほど迷いのない物言いをしたのかもしれない。

二人目の女性は、このあとすぐ車椅子で、その場を離れていった。何かの用事の途中だっ

たらしい。

「何年か前に、あそこから人が落ちて死んだんです」

のちに昭和十年（一九三五）生まれだと教えてくれた、もう一人の女性が言った。

「自殺ですか」

「いいえ、どうもそうじゃなくって、足を踏みはずしたみたいでしたよ。夜中に警察や消防が来てサーチライトで照らしていましたねえ。あそこは途中で、とっても狭くなっていますからね」

男神岩へ行ってくると言って家を出たきり、いつまでも帰ってこない人でもいて、暗くなってから岩のまわりで捜索が始まったということのようであった。わたしは、このときはまだ岩を見る前だったので、どんなところから、どんな風に転落したのか想像できなかった。

この女性は、そのあと問わず語りに自分や家族のことなどを話してくれた（実際には方言がまじっていたが、共通語に近い形にして記したい）。

「わたしは米沢《まいさわ》（二戸市米沢。ここから三キロほど北になる）で生まれて、ここへ嫁に来ました。上里はいまは八〇戸くらいですが、そのころ（昭和三十年代の初めらしい）は六〇戸ちょっとでしたよ。実家の母の父は鬚がとても濃くて、アイヌ人のような顔の人でしたねえ」

「夫は石工《いしく》でした。あそこの家（と言いながら二、三〇メートル先を指さして）の石垣も夫が積んだんですよ。この近くには、ほかにも石垣を造った家がたくさんあります。腕がよか

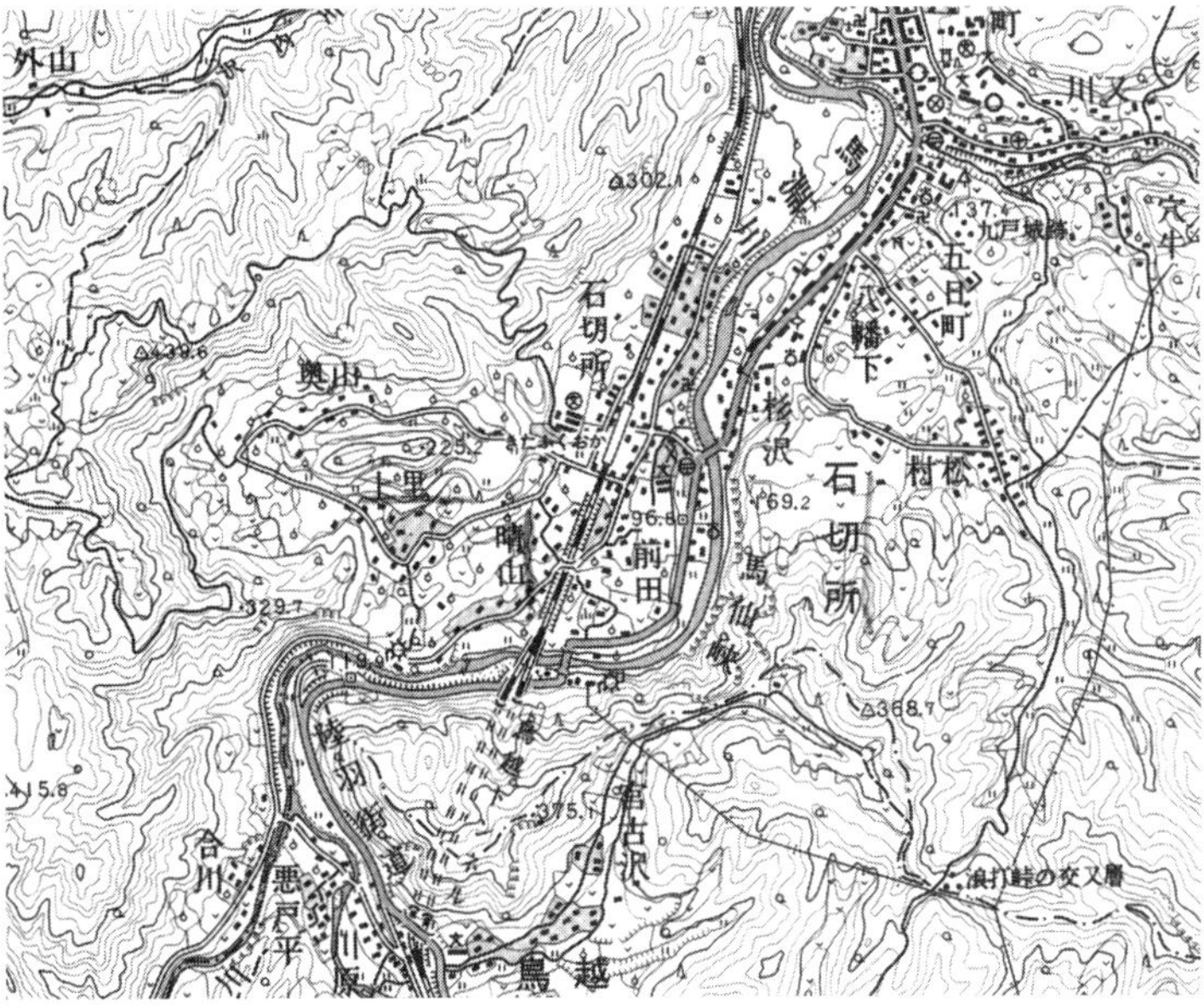

石切所周辺の地形図。図には載っていないが、晴山の南隣が大淵になる。
（国土地理院発行の５万分の１図「一戸」より）

ったから、あちこちへ呼ばれて年中、遠くへ出張していたんです。働き者で、一生懸命はたらいて、わたしたち家族に楽をさせてくれたんですよ」

「いまも、お元気ですか」

「いいえ、それが今年、亡くなってしまって……」

女性は、ふいに涙ぐんだ。葬式をすませて、まだ何ヵ月もたっていないようだった。

上里を含む二戸市石切所は現在、非常に広い範囲を指す行政地名になっているが、もとは上里の一キロたらず北東の馬淵川沿い、いまの二戸駅（北福岡駅が改名された）の裏手あたりにかぎる地名であった。ここは江戸時代には石臼の産地として知られ、「石切所」の地名は、それによっている。女性の夫は、その伝統産業の流れを受けついで、石工の職をえらんだのではないか。

夫は、おそらく上里のアイヌ人の血を引く家系の生まれのように思われる。さらに、女性自身も、米沢のアイヌ人の家系の出であるかもしれない。この推測が誤っていないとしたら、女性二人の結婚はアイヌ系どうしの縁組みの例になる。女性の出生は、山口弥一郎が下斗米たよから聞取りをした昭和十四年より四年前であった。

「野田っていうのは、どこですか」

女性は、わたしの車のナンバーを見て訊いた。

「千葉県ですよ」

「まあ、そんなに遠くから。大変ですねえ。ちょっとこちらへ来てもらえませんか」

と言って、電動車椅子を道路の下の方へ動かしていった。

「まだ少し早いんですけど、リンゴがあります。持っていって下さい」

「いや、それは困りますよ。いろいろ話を聞かせていただいたうえ、そんなことまでされては」

「いいえ、わたしはもらってほしいんです」

「……」

わたしには返す言葉がなかった。

女性は車椅子を果樹園に乗り入れてリンゴ、洋ナシ、キウイをひとかかえほどもぎ取り、そばの家から持ってきたビニール袋に入れて渡してくれた。

わたしが車を停めてあった道路まで戻って振り返ると、女性は深々と頭を下げるのだった。

7 金田《きんた》一《いち》川の上流へ

二戸市立歴史民俗資料館で、わたしはこれまでに記したこととは別の、とても気になる情報を教えられていた。

つい最近のことだが、館員二人がいっしょに同市上斗米《かみとまい》字金田一川へ聞取り調査に訪れた際、地元の男性から不思議な写真を見せられたというのである。

その写真には小屋が写っていた。並みの小屋ではない。生木を切って家の形に組んだ細い棒のあいだに、びっしりと茅のような植物が葺かれている。縄文時代か弥生時代の住居のような外観である。そばには着物姿で下駄ばきの、いかにも上品そうな中年の女性が、にこやかな笑みを浮かべて立っていた。

小屋は幅が一・五メートル、奥行きが二・五メートルほど、高さは二メートル弱であろう。だとすると、中の広さは三畳もないのではないか。カメラが向けられた側には、戸口も窓もない。どう考えても、現代人の住まいのようには見えないが、何かの動物のための建物でもなさそうである。少なくとも、女性がここで暮らしているのでないことは明らかだった。彼女の身なりは、こんな小屋住まいにしてはさっぱりしすぎていた。

「何でも昭和四十年ごろに撮ったものだそうですよ」

館長の関豊さんが言った。

「女性は、わたしたちが話をうかがった男性のご母堂です。当時、民生委員をしていましてね、その小屋の住民の世話をしていたってことですよ。ご母堂は何年か前に亡くなったということですが」

「人が住んでいたんですね」

昭和40年ごろに撮影された「縄文時代のような小屋」

「そうです。アイヌ人のお話をされたもんですから、何となくこの写真のことを思い出したんですよ」

「アイヌ人が住んでいたんですか」

「いや、そういうことでもないと思いますが……」

関さんは、そんなことをつぶやきながら、手もとの紙に、

「二戸市金田一川地区　アイヌ様《よう》の家で　昭和三十年代か四十年ごろ　小笠原耕男《よしお》　母が民生委員」

と書いて、写真のコピーとともに渡してくれた。

昭和四十年（一九六五）といえば、もう二〇世紀も半ばすぎである。そのころになっても、まだこんな暮らしをしていた人がいたことになる。住民がアイヌ系であろうとなかろうと、わたしとしては小笠原さんを訪ねて詳

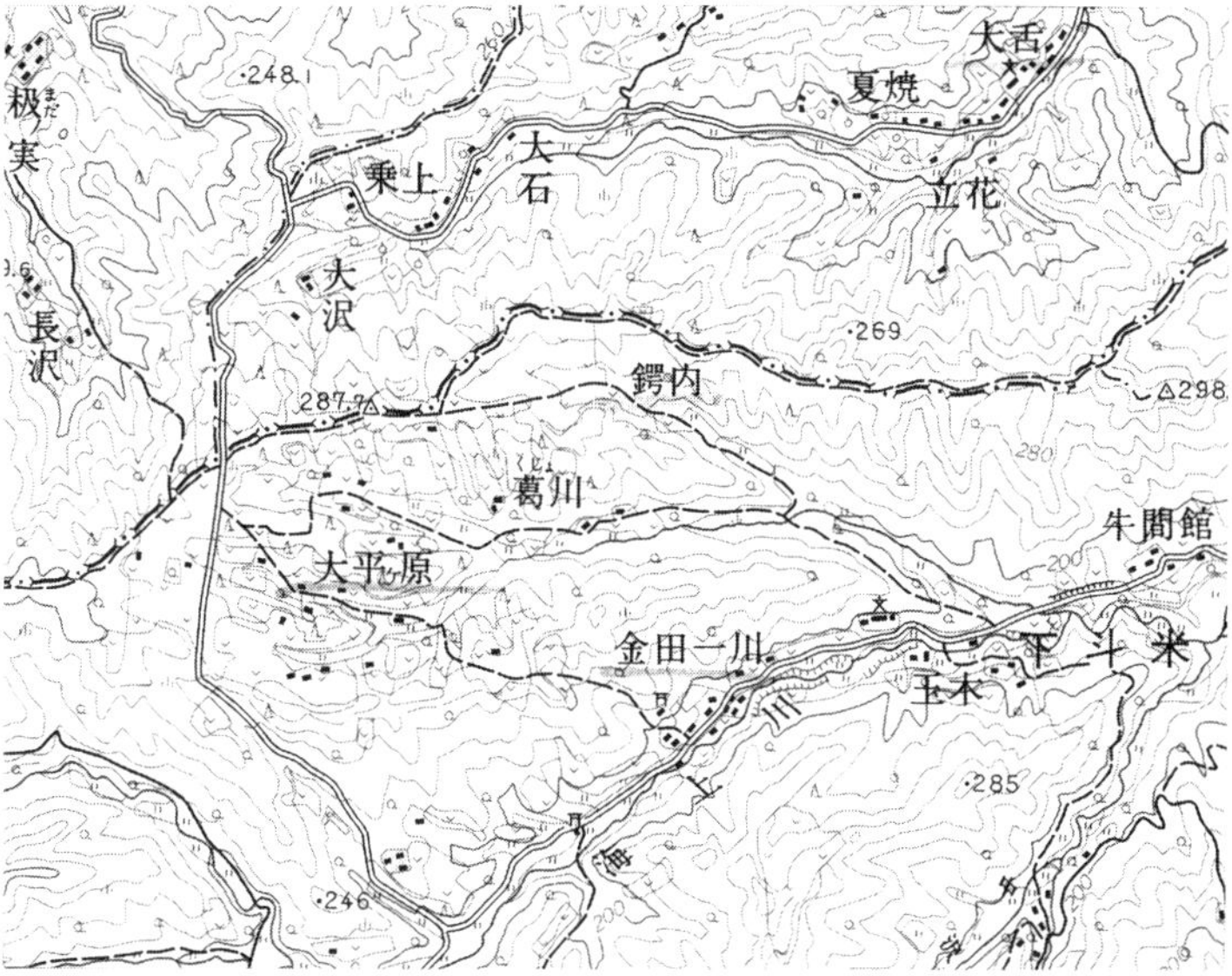

金田一川周辺の地形図（5万分の1図「浄法寺」より）

しい話を聞かずにはいられなかった。

金田一川という名の集落は、馬淵川の支流、金田一川（海上《かいしょう》川とも）の上流に位置している。資料館の西北西一〇キロくらいの山間地である。

右の「金田一川」は、地元ではほとんどの人が「きんたいちがわ」と第三音節を清音で発音している。ここから一〇キロばかり東の二戸市金田一も、そこの東北本線金田一温泉駅も同様である。著名なアイヌ語学者、金田一京助（一八八二—一九七一年）は生まれは県庁所在地の盛岡市だったが、二戸市金田一が名字の地であったらしい。著書には「きんだいち」と仮名を振っていることが多いのではないか。しかし、元来は「きんたいち」だったと思われる。

本人は、これをアイヌ語「キムタ（山中の）」と日本語「イチ（市場＝人が集まるところ）」の合成語だとしていた。

金田一川は、青森県境までほんの二キロたらず、全部で十数戸の小ぢんまりとした集落である。どちらを向いても山ばかりだが、いずれも里山といった感じで、さして山深いところではない。おおかたが酪農と農業の兼業らしい。むろん近ごろのことだから、二戸市街へ勤めに出ている住民も少なくないようである。

ここは全戸が小笠原姓で、わたしが訪ねようとしていた小笠原耕男さん宅が本家になるという。おそらく、それと関係があるのだろう、耕男さんの住まいは村のいちばん上手の高台にあって、住宅も敷地も広大であった。

8　昭和四十年ごろの「縄文時代のような小屋」

小笠原耕男さんは、さいわい在宅であった。突然の訪問にもかかわらず、こころよく迎えていただいた。耕男さんは昭和二十一年（一九四六）の生まれだという。この年代の人にしては体格がよかった。わたしの問いに対しては、何か隠したり、ぼかしたりすることは全くなかった。その答え方は、いたって率直であった（前と同様、共通語風の表現になおして記しておきたい）。

「早速ですが」

わたしは持参した写真のコピーを示しながら訊いた。

「この写真は、いつごろ撮られたものなんでしょうか」

「正確な年月はわかりません。ただ、母の年かっこうから考えて、昭和三十年代の終りか四十年ごろだと思いますよ」

「そうしますと、母上はおいくつくらいだったんでしょう」

「母は大正八年（一九一九）の生まれですからね、四〇代の半ばだったはずです。六年前に九六歳で亡くなりましたが、元気だったころ民生委員をしていましてね、おそらくその関係で、小屋に住んでいる人たちの面倒を見ていたんじゃありませんか」

「小屋には何人もいたんですか」

耕男さんが「人たち」と言ったので、わたしはそう訊いた。

「ここには写っていませんが、実は一〇メートルか二〇メートルくらい離れて小屋が二つ建っていたんですよ」

「ほほう、二つもですか」

「ええ。ほぼ同じ造りで、一つには北上万之助（姓のみ仮名）という男がいまして、もう一つには万之助の妹のキエが息子と二人で住んでいました。息子はマサオといい、昭和十九年の生まれで、わたしと同じ小、中学校へ通っていました」

このあたりの耕男さんの答え方には、よどみがなかった。小屋の住人たちについて、ある程度はっきりした記憶をもっていたことになる。

「万之助さんやキエさんは、どんな仕事をしていたんですか」

「それが、わたしにはよくわからないんですよ。母なら詳しく知っていたんでしょうが、わたしはまだ一〇代で、そういうことにはあまり関心がなかったもんですからね。まあ、自分の将来のことなんかで頭がいっぱいだったんですな」

「民生委員だった母上の世話で、生活保護を受けていたってことはありませんか」

「あるいは、そうかもしれません。だけど、その辺のことも、わたしにははっきりしないんですよ」

「小屋は、いつごろまであったんですか」

「たしか昭和四十年代の前半ごろに、万之助の小屋が火事で焼けましてね。そのときだったか、そのあとだったかに万之助は亡くなりました」

「万之助さんは、どんな風貌の方でしたか」

「顔いちめんに生えた髭を長く伸ばしてましてね、まるでアイヌ人のような感じの男でしたねえ」

「ほう」

　わたしには「髭を長く伸ばした」の言葉が印象に残ったが、だからといって万之助さんがアイヌ系だったとはかぎらない。東北北部には、ほかの地方とくらべて体毛が濃い人がとくに多いのではないか。

「で、もう一つの小屋は、その後も建っていたんですか」

「いや、火事の前だったか、あとだったか忘れましたが、とにかくそのころキエとマサオは小屋を引きはらって、どこかへ行ってしまいましたねえ」

「そのときマサオさんは、いくつくらいだったんでしょう」

「たぶん、二〇歳すぎだったと思いますよ。マサオは色が黒くて、顔のつくりががっしりしていて、何となくアイヌ人のように見えました。だけど、万之助やマサオがアイヌ人だって話は、この村のだれもしていませんでしたねえ」

「ところで、小笠原さんは、小屋の中を見たことがおありですか」

「ええ、一度か二度あります、外からですが。中に石を組んだ炉が見えましてね、まるで縄文人の住まいのようだなって思いましたよ」

もう半世紀余り前のことである。当然、耕男さんの記憶もあいまいだが、炉は入り口の近くに組まれていたらしい。

「小屋のあった正確な場所は、どのあたりになるんですか」

「ここから北西へ一キロちょっとの大平《おおだい》ヶ原《はら》というところですね。いまは畑になっていますが、そのころは雑木林でした」

「金田一川の隣の集落なんですね」

わたしは地形図を見ながら訊いた。

「そうです。昔は、ここから真っすぐ通じる道があったんですが、いまは藪になってしまって遠まわりをしないと行けなくなりました」

「万之助さんやキエさんが、そこで生まれたってことは、ありませんか」

「それは、ないでしょう。もし、そうだったら、この村の者は彼らのことを、もっと詳しく知っていると思いますよ」

「どこかから、そこへやって来て暮らしていたということですね」

「そのはずです。母なら、どこから来たのか耳にしていたに違いないんですが、わたしは当時は、そんなことに興味がありませんでしたからね。その後、いつの間にか彼らのことをすっかり忘れてしまってたんですよ。それが、つい最近、民俗資料館の人が訪ねてきて、昔のことをいろいろ聞かれたもんだから、アルバムをめくっているうち、その写真を見つけましてね、こんな小屋で暮らしていた人間がいるが、知っているかって話になったんですよ」

耕男さんが、わたしに小屋の住民の名をすらすら言えたのは、おそらくこのとき記憶をたぐっていたからではないか。

小笠原家を辞去したあと、わたしは万之助さんとキエさんの出生年について考えてみた。

マサオさんが昭和十九年（一九四四）生まれであることは、はっきりしている。キエさんが二〇歳のときの子だとすると、キエさんは大正十三年（一九二四）ごろの、三〇歳のときだとしたら、キエさんは同三年の誕生になる。四〇歳であれば、明治三十七年（一九〇四）である。まあ、常識的には、この範囲におさまっているとみてよいだろう。

一方、万之助さんの出生は上限で明治の半ば、下限で大正の十年代と想像して大過あるまい。

いずれであれ、まだ、茅を葺いただけの小屋で寝起きしていた人びとがいてもおかしくない時代だったとはいえそうである。その中に石組みの炉を組んで煮炊きしたり、暖をとったりする暮らし、これは何かをきっかけにして始めたのではなく、彼らが親や祖父母から受けついだ生活だった可能性は十分にありえるように思われた。

帰りに大平ヶ原へ寄ってみた。そこは高原状の広々とした平坦地で、畑や牧草地のような農地が、ずっと先までつづいていた。秋の日が落ちかけているせいもあるのか、人影は全くなかった。

そこから五〇〇メートルも行けば、もう青森県であった。

第九章　伊豆下田のはずれ――米山信仰の村の数奇な歴史

1　下田街道旧箕作《みつくり》宿

伊豆半島の中央部を南北に縦断する下田街道は、現静岡県三島市の三島大社前を起点にして、同県下田市に至る一七里一四町（およそ六八キロ）にわたる、おおむね山中の道であった。そのルートは、いまの国道414号に、ほぼひとしい。

北から南を目指した者たちが、天城峠を越えたあと九十九《つくも》折れの寂しい道を下っていくと、ほどなく湯ケ野へ着く。ここで道は東と南に分かれ、左つまり東をとれば半島東岸に達する。右には、もう一度、山越えがあり、その先に箕作という村がある。ここから下田へは直線で五キロくらい、道のりでも七キロはないだろう。

箕作は、かつて街道最後の宿場だとされていた。北行する旅人には最初の宿場になるはずだが、ふつうはそういう言い方はしなかった。江戸を中心に、ものごとが決められていたからである。それが中央集権というものであった。

この村の名を変わっているると感じる人がいるかもしれない。そのせいかどうか、地名の由来として、いわゆる「大津皇子《おおつのみこ》の変」(六八六年)に連座して「礪杵道作《ときのみちつくり》」(経歴などいっさい不明)なる人物が「伊豆」に流されたという記事が『日本書紀』に見えることを根拠に、このミチツクリが訛ってミツクリになったとする説を、まことしやかに記した文献もある。

しかし、道作が伊豆のどこに流罪になったのか『書紀』にも、ほかの古代の史料にも全く述べられていないのみならず、この地名の語源ははっきりしている。すなわち、農具の箕を作ることを生業にしていた人びとが集住していたことによって、その名が付いたのである。箕については、本書の第四章「雪深い北陸『綾子舞い』の里」の7、8節でひととおりの説明をし、写真も掲げておいた。

ミツクリ(箕作の文字を用いることが最も多く、ほかに箕造、御作《みつくり》、三作《みつくり》、ミツクリなどと書いたりする)の地名は各地に珍しくない。わたしが、これまでに気づいたかぎりでも三〇ヵ所は下らない。高知県だけで少なくとも六ヵ所にのぼる。これは同県にとくに多いわけではなく、わたしがほかより綿密に調べたため、その数になったにすぎない。全国のミツクリ地名をここに列挙するのは煩にたえないので、次にほんの数例を挙げておく。

- 福島県大沼郡会津美里町旭三寄《みよせ》字箕作
- 長野県下水内《みのち》郡栄村堺字箕作
- 高知県長岡郡本山《もとやま》町本山字箕造
- 鹿児島県南さつま市金峰《きんぽう》町大坂《だいざか》字箕作

ミツクリの名が付いた村の中には、文献によって、あるいは今日の聞取りで、過去のいずれかの時期に箕を製造していたことを確認できる場合が、ときどきある。

そのうちでも下田市箕作は、もっとも確実かつ典型的な箕作り村の一つだったといえる。何しろ、二〇世紀の半ばすぎまで、どこの家でも箕を作っていたからである。

箕作り村とは、地内の世帯のすべてか大半が箕の製造を生業とし、しかもそれで家計のおおかたをまかなっていた村のことである。各府県に一村ないし四、五ヵ村ほどの割合で存在していたようだが、わたしの取材では全く見つからなかった県も、いくつかあった。ただし、それはここ一世紀か一世紀半ばかりのことであり、もっと古い時代のことはよくわからない。ミツクリ地名の多さから考えて、おそらく歴史的にはさらに分布していた可能性が高いと思うが、その裏づけがとれないのである。

箕作り村に、ミツクリの地名が付いているとは、かぎらない。というより、その例はむしろ少なく、ほとんどは何の関係もなさそうな名になっている。地名は、その土地の特徴にもとづいて、いつの間にかできるものだが、その特徴にはさまざまな側面があるからであろう。ともあれ、下田の箕作は名前のとおりの箕作り村であった。わたしが、この村に関心を抱いたのは、それ故である。

2　村の鎮守で

湯ケ野方面から南下してきた下田街道は、箕作の村へ入ると向きを東に変え、一・五キロ

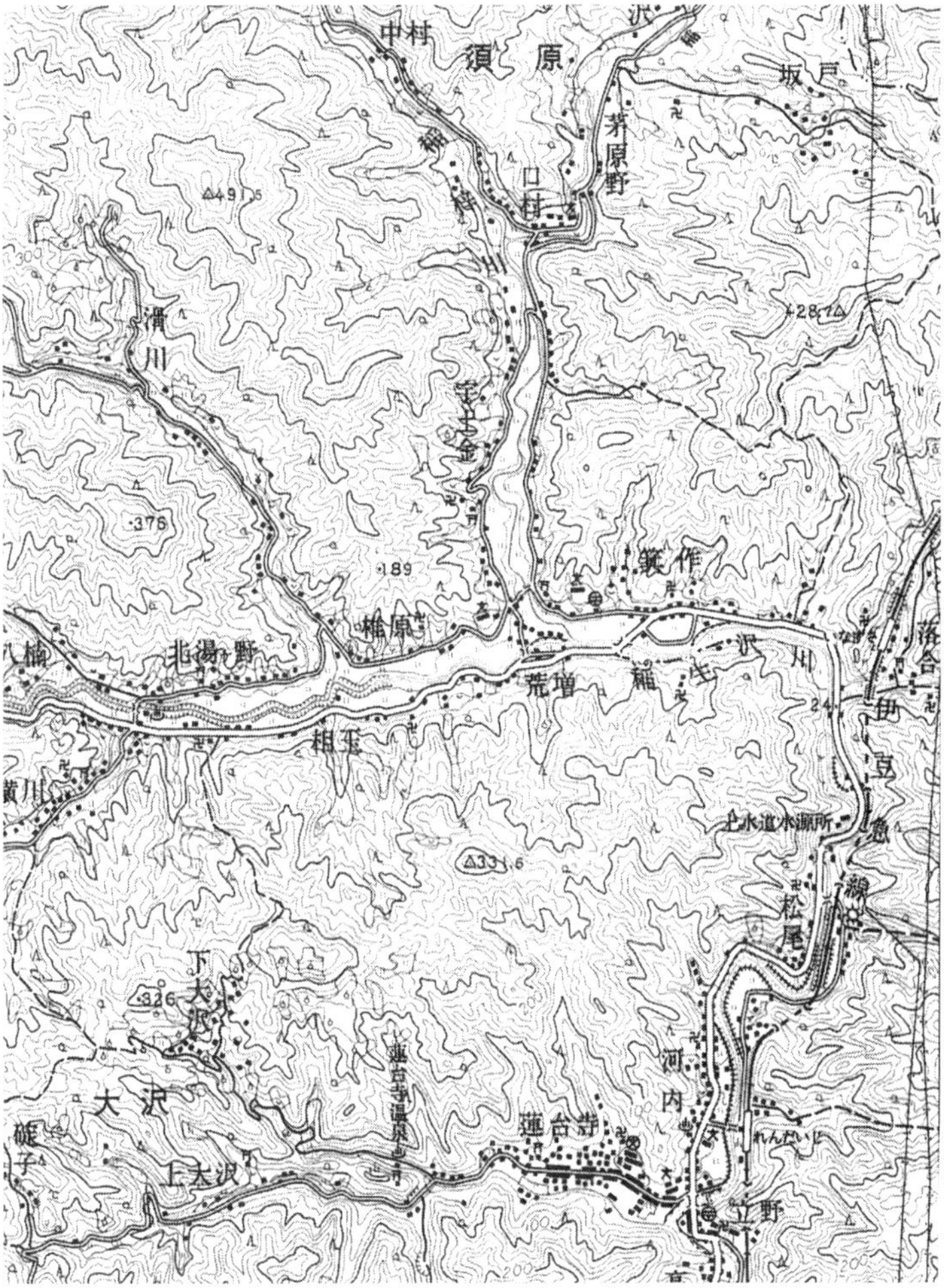

下田市箕作周辺の地形図（5万分の1図「下田」より）

ほどにわたって東へ進んだあと、また南を目指している。つまり、箕作のあたりでだけ街道は東西に走っていることになる。

その西端の屈曲点に近い北東側に、箕作の鎮守の日枝《ひえ》神社がある。わたしが、ここを初めて訪ねたのは平成十三年（二〇〇一）八月中旬のことだった。箕作へ来てみたものの、だれかに会う約束があったわけでもなく、どこかとくに行きたいところがあったのでもない。それで取りあえず、鎮守をのぞいてみる気になったのである。

鳥居のわきの広場に、長い木を横倒しにした腰掛けがあって、そこに高齢の女性が一人で座っていた。女性は暇そうで、村のことを聞くには格好の人のように思えた。わたしは近づいていって声をかけた。

「昼すぎから、ここへ年寄りばかりが集まって、夕方までおしゃべりをするんですよ。もう、そろそろ来る時分ですからね、待っているところなんです」

女性は、そう言ったあと、こちらの問いかけに答えて、ぽつりぽつりと次のような話をしてくれたのだった。

「わたしは大正元年（一九一二）に、川向こうの相玉《あいたま》（稲生沢《いのうざわ》川をはさんで箕作の南西岸になる下田市相玉）で生まれました。もう満で八九歳になります。数えだと九〇ですよ。二一のときに、この村へ嫁に来ました。そのころは、村のどこの家でも箕を作っていましたねえ。ええ、主人も姑《しゅうとめ》も、そうでしたよ。舅《しゅうと》ですか、すでに亡くなっていましたが、もちろん作っていたと思いますよ。ここら辺では、仕事といえば箕作りか炭焼きくらいしかありませんでしたからね」

「農業は、していなかったんですか」

「ヤマイリの田んぼが少しありましてね、米を作っていました。だけど、みな自家用でしたよ」

ヤマイリとは「山の方へ入った」という意味らしい。

「奥さんも、やっぱり箕の仕事を手伝っておいででしたか」

「いいえ、わたしはしたことがありません。箕作りをおぼえるのは、なかなか大変でしてね、ひととおりのことができるようになるまで何年もかかるんです。それより、田んぼの方をやれってことだったんじゃありませんか」

この女性が箕作へ嫁に来たのは、昭和八年（一九三三）ごろであろう。その話から、当時、箕作は典型的な箕作り村であったことがわかる。

ただし、そのほかに炭焼きとは別の重要な産業が、この村にはあった。砥石の採掘と、その行商である。わたしは女性に会ったとき、まだそのことを全く知らなかった。だから、

「砥石の仕事は、いかがでしたか」

と訊くことはなかったのである。

箕作の鎮守・日枝神社

女性が、なぜ砥石の件に触れなかったのか、わからない。あるいは、女性の家ではたまたま砥石にかかわっておらず、それで急に意識にのぼってくることがなかったのだろうか。それとも、砥石の仕事がすたれて何十年にもなるため、つい失念していたということもあり得る。

ともあれ、第二次大戦前には砥石の製造・販売は、なお箕作の主要な産業であったことは間違いない。それは、のちに述べる話から明らかである。

3 「日本三大薬師」の村

日枝神社から東へ一・五キロほど、箕作東端の下田街道の屈曲点近くに、そのころ高さ五メートルくらいもありそうな縦長の大看板が立っていた。そこには、

「日本三大薬師」

と大書されていた。

街道を車で走っていれば、いやでも目につく構造物であった。わたしは、わきの小さな駐車場に車を停めた。横に説明板があり、

「当砥《と》石山米山寺《いしやまべいさんじ》（米山《よねやま》薬師）は僧行基の開山で、越後（新潟県）、伊予（愛媛県）の薬師寺とともに日本三大薬師の一つに挙げられる名刹《めいさつ》である。云々」

と見える。

わたしは箕作について、あらかじめごく大ざっぱな調べをしていたが、ここに「日本三大

薬師」の一つがあることには全く気づいていなかった。そばの石段を登っていくと、すぐ先にお籠《こも》り堂のような小ぢんまりとした堂宇があった。だが、それはどう見ても三大薬師の結構ではない。だれもおらず、戸口には鍵がかかっていた。

さらに山道をたどっていくと、ほんの何十メートルかで、

「山頂奥ノ院まで三七八メートル」

とあった。わたしは、その奥ノ院へ行ってみることにした。

のちに知ったことだが、奥ノ院の標高は一四九メートル、下のお堂が同三〇メートルばかりなので、比高差は一二〇メートルたらずになる。その道のりが三七八メートルだというのである。山路としては、とくに険しいわけではないが、ほぼ一貫して登りがつづいていた。

山頂は三〇〇坪ほどの広場になっていて、その端に奥ノ院が建っていた。やはり、そう大きなものではない。いや、むしろ小さすぎる。間口、奥行きとも一間半（およそ二・七メートル）くらいであろう。ただ、建物もまわりも、とてもきれいに清掃されており、いまなお住民があつく崇敬していることがうかがわれた。

この薬師堂こそ村の起源に深くかかわっていると思われるが、そこに話を移す前に三大薬師について簡単に説明しておきたい。

「日本三大薬師」が、どことどこか決まっているわけではない。おおかたが認める通説もないようで、いわば諸説さまざまである。それを紹介してみても、煩雑になるだけなので、ここでは説明板に出ていた越後と伊予の「薬師寺」だけを取上げておく。

右の「越後の薬師寺」が、

・新潟県上越市・柏崎市境の米山《よねやま》（九九三メートル）

を指すことは、これから述べる事情を考えれば疑う余地がない。

米山は日本海からも目立つ三角形の秀麗な山で、いつとも知れないころから信仰の対象になってきた。山頂には薬師堂が建つが、これは箕作のそれと同じくらいささやかな堂宇のようである。標高が高いうえ、日本でも屈指の豪雪地帯にそびえる山上に、広壮な伽藍を建てて維持することはむつかしいことが、その理由の一つではないか。

代わって、南西山麓の上越市柿崎区米山寺《べいさんじ》の医王山密蔵院米山寺が、別当として山頂の薬師堂を管理するとともに、拝殿ないしは遥拝所のような役割を果たしている。同寺は院号の密蔵院の名で呼ばれることが多い。

米山、薬師堂、密蔵院への信仰すなわち米山信仰は、この地方では古くから多くの信者を集めており、それに寄りかかって暮らしを立てていた半僧半俗の宗教者も少なくなかった。彼らのことを、このあたりでは、近世以降、「里山伏」と称していた。里山伏は、遠近を問わず、あちこちを歩いて米山のお札を配ったり、信者に代わって米山へ代参したり、米山に自生する当帰《とうき》（セリ科の薬草）を販売したりしていた。

彼らの足跡は、中世のころから全国各地に及んでいたが、その辺については後述にまわしたい。

もう一つの「伊予の薬師寺」は、

◆愛媛県松山市浄瑠璃《じょうるり》町の医王山養珠院浄瑠璃寺を指しているらしい。この寺の本尊は薬師如来であり、広い意味での薬師寺としたのであろう。

浄瑠璃寺は、四国八十八ヵ所霊場の第四十六番札所《ふだしょ》で周知の大寺院である。

つまり、米山および山麓の密蔵院も、浄瑠璃寺も、異論をとなえる人はいるだろうが、「日本三大薬師」の一つだと言っても、そう見当違いということにはならないだけの信仰対象だといえる。

ところが、箕作の薬師堂は、ここの住民には失礼ながら、村のお堂であって、「日本三大」は少々ふろしきの広げすぎではないか。もっとも、そこにかえって、村人のお堂に寄せる思いの深さを読みとるべきかもしれない。

奥ノ院から下りてきたあと、わたしは下田市立図書館へ寄った。米山薬師の山号が「砥石山」となっていたことが気になって、その理由が知りたかったのである。半ば予想していたことだが、郷土史担当の館員から、

「あそこで砥石が採れたからでしょう。登り口のわきの沢を上がったところです。いまでも砥石場は、そのまま残っているはずですよ」

と教えられたのだった。

4　春は砥石の、秋は箕の行商に出た

最初の訪問から四ヵ月半ばかりたった平成十四年（二〇〇二）の一月上旬、まだ松の内も明けないうちに、わたしは再び下田市箕作を訪ねた。

そうして、まず米山薬師の奥ノ院を目指した。郷土史家らへの電話取材で、砥石場は奥ノ院の裏手になると聞いていたからである。駐車場わきの沢を詰めていかなくても、奥ノ院への道の方が歩きやすいという話だった。

この日、伊豆半島南部は強風が吹きつづけ、米山の木々の梢が音を立てながら、しなっていた。そのあいだから、ときどき伊豆の海が光って見えた。

山頂のお堂も、その周辺も相変わらず、きれいにされていた。登ってきたのと同じような山道が、お堂に向かって右手にあった。わたしは、その先の木立ちをかき分けて急坂を下っていった。ほんの一〇〇メートルかそこらで左手の崖下に、

「これだな」

と思えるような場所があった。

樹林に隠れて岩の壁があり、それがつるはしか何かで打ち欠かれたようになっている。ただし、石に詳しくない者には、教えられないかぎり、そこが砥石の採掘場だとは気づかないのではないか。あたりに大は枕くらいの、小はこぶしほどの、ごつごつした石が転がっていた。手に取っても、はたして砥石かどうか判断がつかない。わたしは、小さな石を拾ってポ

ケットに入れた。下山したあと、村のだれかに確かめてもらうためである。

車へもどって下田街道を走っているうち見かけた人に声をかけた。

「砥石のことなら、鈴木伊勢松さんに訊いた方がいいですよ」

相手は、そう言って、「鈴木さん」の家を教えてくれた。

鈴木さん宅は、村の中ほどよりやや西寄りにあった。わたしは近くに車を停めて、道路よりわずかに高くなっている家の玄関先に立って案内を乞うた。

小柄な男性が出てきた。それが鈴木伊勢松さんだった。のちにうかがったことだが、伊勢松さんは大正十年（一九二一）二月の生まれだといい、このとき八〇歳であった。

「三年ほど前、オートバイで下の通りへ出たとき車とぶつかりましてね、左足にけがをしたんですが、それ以来、体の調子があまりよくないんですよ」

ひととおりの挨拶のあと、伊勢松さんは、そんなことから話を始めてくれた。いたって気さくな人のようで、わたしはほっとした。

「五尺五分（およそ一五三センチ）の小男で兵隊検査は乙種合格だったんですが、召集されましてね、中国各地を転戦しました。香港へも、広東へも、桂林へも歩いて行きましたよ」

伊勢松さんは、何の前ぶれもなく訪ねてきたわたしが、自分の越しかたを聞きにきたと思ったのかもしれない。

「これなんですが」

わたしは米山で拾ったこぶし大の石を取り出した。

「砥石なんでしょうか」

「ええ、砥石です。なかなかいい石ですが、小さすぎて商品にはなりませんねえ」

ここで初めて、わたしの用件が何か、はっきりとわかったようだった。それから次のようなことを淡々と語ってくれた。

「米山は区有林ですからね、砥石を採りたい者は村に金を払って権利を買い、そのあと自分で石を切り出して砥石に仕上げるんですよ。権利を買えるのは村の人間だけです。わたしが採っていたのは二〇年ばかり前までで、そのころたしか年に五万か一〇万でした。

砥石採りは昔はたくさんいたようですが、だんだん減ってきて、わたしのころには七人か八人くらいになっていました。しかし、その後、儲けが少なくなって、わたしが最後の砥石採りでした。もう何十年も前から、丈夫で安い金剛砥《こんごうと》（人造砥石）が出回るようになったからですよ」

伊勢松さんは、そんな話をしながら、庭の隅の小屋からいくつかの道具を持ってきた。一つは、金槌に似たT字形木組みの、先端左右の一方に大きな刃が、他方に小さな刃が付いていた。

「これで石の目に沿って、石を切りそろえるんですよ。だけど、うまく切れずに無駄が出ることがありましたねえ。それで、のちには電動のこ（鋸）に替えました」

電動のこは、円盤状の鉄の板に多数の刃が付いた道具だった。

庭には箕作り用の石が埋めてあった。蚕の形で枕ほどの大きさの硬い石の半分を地中に埋めてある。地表に出た部分にフジの蔓を載せておいて、木槌で叩きつぶすのである。フジは初夏に紫色の花房を垂れる植物で、下田の箕作では、その蔓をのしイカのようにつぶして、箕の材料にしていた。

「わたしは砥石も箕も作っていました。ええ、それを自分で売り歩くんですよ。いっしょにじゃありません。春は砥石、秋は箕と分けていました。春は草を刈る時期で鎌など研がなくちゃなりませんし、秋は収穫のときで箕を使いますからねえ。販路は、だいたいは賀茂郡（伊豆半島の南部）内です。だけど、箕は砥石にくらべ軽いもんだから、田方郡の大仁《おおひと》（半島北部の現伊豆の国市大仁）あたりまで行商に行ったこともありましたよ」

『三十二番職人歌合』（1494年ごろの成立）に描かれた中世の箕作り。このようにして行商に歩いていた。

伊勢松さんは、ほかに炭焼きもし、三反ばかりの山田を耕し、牛も飼っていた。いくつもの仕事を兼ねていたのである。

話は、やがて米山の裏手にあったという「元屋敷」と呼ばれる小集落のことに及んでいった。わたしには、ことのほか興味深い内容だったが、地理がわからないため、よく理解できないところがあった。それに庭先での立ち話が、すでに一時間を超している。強風はいっこうに止む気配がなく、必ずしも体調がよくないらしい伊勢松さんを、これ以上その場に立たせておくのは、はばかられた。

わたしが心残りながらも辞去の言葉を述べると、伊勢松さんから、

「そんなら今度、いっしょに山へ登りませんか」

と言っていただけたのだった。

5　鈴木伊勢松さんと米山へ

前回から二ヵ月近くたった平成十四年二月二十七日の朝、わたしは鈴木伊勢松さん宅を再び訪れた。

伊勢松さんは、作業着に地下足袋、ズボンのふくらはぎの部分にゲートルを巻き、腰にはなたを下げていた。完全な山行きの格好である。

午前八時すぎから米山への登りにかかった。

「三年ぶりになりますねえ」

けがをしたあと山から遠ざかっていたらしい。

伊勢松さんは奥ノ院への途中、何度も坂道に座り込んだ。本来なら、わたしなどよりずっと足達者のはずだが、体力が落ちていたのであろう。

「引き返しますか」

わたしは気の毒になって訊いた。しかし、そのたびに、

「いいや、大丈夫ですよ」

と強くかぶりを振るのだった。奥ノ院から先は足が慣れてきたのか、だいぶん順調になった。以前、わたしが一人で来た砥石場に着いた。

「砥石は一回に米一俵の重さ（およそ六〇キロ）を背負子《しょいこ》に載せて、かついで下へ下りるんです。それがなかなか大変なので、落とせるところまで転がして落としたりしてましたねえ。その道は、いま登ってきた道じゃありません。この涸れ沢沿いに牛が歩けるくらいの道が付いていたんですよ。ええ、下りきったら駐車場のわきに出ます」

そんな話をしていただいたあと、元屋敷へ向かった。

そこは、砥石場までより緩い下り道を三〇〇メートル余り進んだ先にあった。まわりは山また山である。冬なのに一帯は緑が濃かった。その一角がやや開けて、平たく整地した宅地の跡が少なくとも二つあり、石垣が残っていた。そばにワサビ田の跡もあって、数株のワサビが生えていた。横に沢ともいいがたいほどの小流れが見えた。ちゃんと手入れすれば、飲料水は得られそうに思われた。

「ここには家が三軒ありました。みな姓を矢田部といいましてね、屋号もそろって坊太郎でした。姓も屋号も同じじゃ区別がつきませんからね、上坊《かみぼう》、中坊、下坊《しもぼう》と言い分けていたんですよ。わたしは上坊の出で

箕作の米山薬師裏の砥石場。
岩を砕き採った跡が残っている。

す。いま鈴木姓を名乗っているのは、養子に行ったからです。三軒の家の者たちを葬った墓が、この近くにあったんですが」

伊勢松さんは、そう言って近くを歩きはじめた。だが、どこもかしこもブッシュにおおわれて、それらしい場所が見つからない。

「墓は、たしか一〇基ほどでしたねえ。どれも情けないほど小さくて……。古いものには江戸時代の年号が刻んでありました」

伊勢松さんとわたしは、三〇分くらいも墓を探しつづけたが、とうとう発見できなかった。墓石が小さいためもあったのではないか。

「鈴木さんは、ここにお住まいだったことがありますか」

「いや、住んだことはありません。わたしが若いころでも、ここにはもう、だれも住んでいなかったんですよ」

「矢田部家の人たちは、ここで何をして暮らしてたんですか」

「わたしの先祖たちは、あの砥石場の番人だったんですよ。砥石を盗掘に来る者がいましたからね、それを見張っていたんでしょう。毎日、朝になると、あそこへ通っていたと聞いています」

「昼間は、箕作の人たちが砥石を採っていたんじゃありませんか」

「そうともかぎらないんですよ。わたしの場合だと、砥石場へ登るのは年に一〇日くらいでしたね。あとは家で石を切ったり、行商に出かけたりで、そちらの方の時間がずっと長かったんですよ」

「砥石を仕事にしている人がたくさんいても、いつも砥石場にいるとはかぎらなかったんですね」

「ええ。むしろ、だれもいないときの方が多かったんじゃありませんか。だから、番人が必要だったんでしょう。番人は本当なら、砥石場に住めばいいんですがね、あそこには水がないし、日当たりも悪く、家を建てるだけの平地もありませんのでね、ここに家を構えたんだと思いますよ」

「なるほど」

わたしは深くうなずいた。

「坊太郎」の坊とは、米山薬師のことに違いない。「太郎」は人といったほどの意味であろう。つまり、坊太郎は「堂守《どうもり》」を指していたと考えられる。

矢田部家の人びとは、表向き薬師様の堂守を称しつつ、実は砥石場の見張り役が本当の仕事だったのではないか。わたしは自分の推測を伊勢松さんに話した。

「そのとおりでしょうね」

伊勢松さんは首を縦に振って付け加えた。

「米山の砥石は質がよかったですからね。戦後になっても、ときどき盗掘に来る者がいたくらいなんですよ」

どんなに貧しい家庭でも、必ず一個や二個の砥石をそなえている時代が、つい半世紀くらい前までつづいていた。

砥石の重要性は時代がさかのぼるほど高かったといえる。農業を主体にした社会では、草刈り鎌や鋤《すき》、鍬《くわ》など炊事用とは別の大型刃物類が多用されていたからである。そのような社会にあっては、砥石の採掘、製造、販売が一つの大きな産業になっていた。それが砥石場の番人という仕事を成り立たせていたのである。

6　薬師堂は、ただの宗教施設ではなかった

元屋敷に一時間ほどいて、わたしたちは奥ノ院の広場へもどってきた。

「ここは自然にできた平坦地なんでしょうか」

わたしは、三〇〇坪ばかりありそうな広場を見わたしながら訊いた。

「いや、違うと思いますよ。昔の人が工事をして平たくしたんでしょう」

「そうでしょうね。こんな山の上に都合よく広場があるはずありませんものね」

わたしたちが並んで腰をおろしたそばに、シイ（おそらくスダジイ）の巨木が立っていた。樹齢は、どうみても三〇〇年は下るまい。おそらく四〇〇―五〇〇年くらいになるのではないか。とすれば、そのころ、ここが造成されたのかもしれない。

シイの実にはアクがないので、そのままで食べられる。鍋か何かに入れて軽くあぶれば、さらに味がよくなる。栄養価も高く、お茶請けや酒のつまみに向いていた。同量の米と交換してもらえる地方も、かつてはあった。ここのシイの木は広場を造成した折り、わざわざ植

えた可能性も十分に考えられる。

「明治のころには、砥石採りが、よくここに集まっていたということですよ」

「米山様の祭礼か何かでですか」

「いや、そうじゃありません。酒を飲みながら何かの相談をしたり、夜っぴてばくちに興じたりしてたって話ですねえ」

「ははあ、ここが集会所代わりだったんですか」

人力のみで三〇〇坪もの平地を造るには、それだけのやむにやまれぬ事情があったということであろう。そこでの夜を徹しての集まり、わたしには何だか砥石採りたちがつくっていた結社の秘密の場所であったように思われた。

「ここだと、だれにも知られず、どんな話だってできますからね」

砥石場は、広場から一〇〇メートルたらず奥になる。その前面をふさぐような斜面を削平して一角に薬師堂を建てたのである。ということは、それによって砥石場への権利を主張していたことは間違いあるまい。もし、砥石場がなかったとしたら、こんな山中に薬師如来を祀るべき理由はなかったのではないか。少なくとも、箕作の薬師堂は単なる宗教施設ではなく、村の生活を陰で支える役目を負っていたように思われる。そう考えたとき、このちっぽけな祠堂を、

「日本三大薬師の一つ」

と称していた村人の気持ちもよくわかる気がする。

下田市箕作の米山薬師の奥ノ院

村の氏神は、既述のように日枝神社である。檀那寺は、村の中ほどの曹洞宗龍《りゅう》巣《すう》院である。それぞれに神主がいて、住職がいる。

ところが、米山薬師には住職もいなければ、檀家もない。それでいて、一二〇戸ばかりの全村民が信徒だとされているのである。以前は区長でないと信徒総代にはなれなかった。もっと古くは名主が総代になる慣習だったのではないか。いずれであれ、かなり特異な性格の信仰対象であることがわかる。

米山薬師が、いつ現在の位置に祀られたのか、はっきりしない。説明板では、行基（六六八―七四九年）の開山とし、そう話す村人もいるが、これはまあ伝説のたぐいであろう。創建はおそらく、ずっと新しく中世の、それも後期ではないか。そう考えられる理由の一つが、箕作なる地名の史料上の初見が戦国時代の小田原北条氏の『役帳』まで下《くだ》ることである。そこには、北条氏の家臣、渡辺次郎三郎の所領役高として、

「百廿貫文　同（豆州）箕作」

とあるという。

史料に見えないからといって、村が存在していなかったとはいえない。しかし、古代からの村であれば、何らかの記録に名が出ているのが通例ではないか。

また、龍巣院の宮川元明住職は、当時のわたしの電話取材に対して、

「この寺の開創は、一四五〇年ごろだったとされています」

と答えている。つまり、室町時代で、そう古くはない。これも村の歴史が、さらにさかのぼるわけではないことを裏づけているように思われる。

「それじゃ、そろそろ行きますか」

伊勢松さんが立ち上がりながら言った。

下の駐車場へ着いたときには、一一時近くになっていた。伊勢松さんは疲れきっている様子だった。

わたしは、この日の伊勢松さんのご厚意に対し、二〇年をへた今日も、なお深い感謝の気持ちを忘れることができない。

7　米山信仰とともに旅をした職能民の集団

下田市箕作の砥石場の付近には、田んぼも畑もない。水場もないから人家もなかったろう。山のなりものが豊富だった様子もなさそうに思える。要するに、めったに人が近づかない場所だったのではないか。

そうだとするなら、だれが、どんなきっかけで、ここの砥石場を見つけたのだろうか。いま岩の壁が露出しているのは、長年にわたる砥石の採掘の結果であり、もとはただの山の斜面だったはずである。ただし、降雨による崖崩れなどで岩肌の一部がむき出しになっていたことは考えられる。

いずれであれ、その前を通りかかっただけで、そこが砥石の岩場であることを見ぬいた人間がいたのであろう。それは偶然だったかもしれないが、その人物にはある程度の鉱物の知識があった可能性が高い。普通の農民は製品に仕上げられた砥石は日常的に目にし、使っていたにしても、山肌の岩を一瞥しただけでは砥石の原石であることには気づかないのではないか。

その発見者が属する、何らかの意味での集団が米山信仰の宗徒だったことは、まず間違いあるまい。砥石場の権利を主張するとともに、その監視施設として前面に設けたお堂を「砥石山米山寺（米山薬師）」と称していたからである。

近代以前、とくに中世の日本では、半分は宗教者、半分は俗人という人びとが各地を歩きまわっていたらしい。彼らは旅をたつきとしていた。あちこちを歩くことで暮らしを立てていたのである。彼らは定住民に神や仏の道を説き、それへの帰依をすすめながら、そのあかしとして神像、仏像、お札、薬草などを売り、あるいは宗派の歌や踊りを伝え、ときに医療行為を行い対価を得ていた。一派には、ひそかに売春を業とする集団もあった。

しかし、そのもっとも有力な生活の手段は、商業と工業だったのではないか。つまり、旅する宗教者は同時に商人と工人を兼ねていたのである。そもそも、中世の職人（しきにん、しょくにん。工人のほか商人を含めて、そう呼んでいた）は、しばしば広い範囲を歩きまわることを基本にしていたといってよい。彼らは著名な寺社の宗徒を名乗っていることが多かった。それが各地を渡りあるくうえで便利だったというより、ほとんど必須の用件であった。

旅する宗教者の一例に高野聖《こうやひじり》がいた。夕方、村に入ると、宿を求めて、

「宿、借ろう。宿、借ろう」

と呼ばわりながら、村の道を通っていった。彼らは一般に「乞食坊主」とも呼ばれ、悪さをすることも少なくないと信じられていた。

「夜道怪（やどうかい）」

などと陰口をする者もいた。ヤドカロウをヤドウカイにこじつけたのである。

それでも宿を貸す者はいた。だいたいは無料だったのではないか。旅僧は世間が広く話がおもしろいうえ、ときに医薬などの知識に富んでいたからである。それをいいことに、好意を踏みにじるようなこともなくはなかった。

「高野聖に宿貸すな。娘とられて恥かくな」

は、やみくもに旅の漂泊者を泊めて、思わぬ不幸をまねくことがないように村人をいさめた言葉である。

一方で、高野聖には「呉服聖《ごふくひじり》」の異名もあった。手びろく呉服の行商にしたがっていたからである。中には、その商いを通じて貴顕に近づけた者も少なくなかった。

新潟県上越・柏崎市境の米山に発する米山信仰を背に負った宗教者の足跡も、各地に及んでいた。『米山信仰』（一九九八年、柏崎市立博物館）は、彼らによって全国に広がった米山信仰として次のような例を挙げている。

- 新潟県佐渡市下久地《しもくじ》の米山
- 岩手県宮古市津軽石の米山
- 埼玉県秩父市上吉田塚越の米山
- 静岡県下田市箕作の米山
- 鹿児島県始良《あいら》市鍋山の米山

柳田國男の『俗聖《ぞくひじり》 沿革史』（初出は一九二一年）に見える現神奈川県小田原市成田《なるだ》の米穀《べいこく》山《さん》米穀寺も、おそらくその一つであろう。

「足柄下郡成田村には、米穀山米穀寺という珍しい名の時宗の寺があった。本尊は昔越後の米山から負うて来たという薬師仏を安置し、住僧というものがなくて、磬打《かねうち》の金阿弥なる者が境内に住んで守護していた。この家には第三十世の遊行上人が、慶長十九年（一六一四＝

引用者）に出した一通の文書を伝えていた。その文言によれば、諸国所々の磬打座衆は遊行の客僚として末代に事《つか》え、契約に違《たが》うべからざるの趣、後証のため印手をもって一行を書き与うるものなりとある」（同書一〇「遊行上人と鉦打《かねうち》」）

本尊を著名な聖地から負ってきたとの伝説をもつ堂宇は、各地に珍しくない。米山信仰なら越後の米山、高野信仰なら紀伊（和歌山県）の高野山、白山信仰なら加賀（石川県）・飛驒（岐阜県）境の白山（二七〇二メートル）などである。

下田の米山の場合、行基が作ったとされる薬師如来像があり、その材料はトコロイモの粉と茶の葉を混ぜ合わせたものであったらしい。第二次大戦後のあるとき、村の若者の一人がこれを盗み出して古美術品として売ろうとしたことがあった。しかし、売り物になるようなものではないことがわかってお堂のそばに捨てた際、激しく破損してしまった。それで昭和六十年（一九八五）ごろ、金属製の本尊を新たに作ったという。

ともあれ、箕作村の初期の住民が米山信仰の宗徒であったことは、まず疑いないところであろう。ただし、その集団の主要部分が越後の米山近辺を出自としていたとはいいきれない。高野山には行ったこともない高野聖がいたように、米山信仰の宗徒が、みな米山あたりから諸国へさまよい出たとはかぎらないからである。

8　下田の箕作は、なぜ大村になったか

伊豆半島南部の稲生沢川のほとりに住みついた米山信仰の宗徒が、その当初から箕の製造

と販売を主要な生業としていたことは、まず間違いあるまい。だからこそ、それを見た周辺の人びとが、新たにできた小集落を「箕作」と呼び、やがてだれもが認める村名になったのである。

そのようないきさつで生まれた地名はふつう、「職業地名」と呼ばれる。その例はなかなか多い。

◆鋳物師《いもじ》（いうまでもなく、鋳物《いもの》職人の定住による）　京都府福知山市鋳物師

◆木地屋《きじや》（広葉樹の大木から椀や盆、皿などの木地を作る職人に由来する。木地山、木地小屋などとなっていることもあり、轆轤師《ろくろし》、六郎山などのこともある）　徳島県美馬《みま》郡つるぎ町一宇字木地屋

◆矢作《やはぎ》（矢を作ることをハグというが、矢作り職人が集住していた）　愛知県岡崎市矢作町

◆紺屋《こうや》（藍《あい》染め職人）　埼玉県坂戸市紺屋

◆莚打《むしろうち》（莚を作ることをウツ、ブツといった）　茨城県坂東市莚打

◆猿楽《さるがく》（能を演ずる芸能者）　広島市の旧猿楽町（原爆ドームのあたりにあったが、原爆の投下で消滅し、一九六五年に町名もなくなった）

◆連雀《れんじやく》、連尺《れんじやく》（レンジャクとは行商人のこと）　東京都三鷹市上連雀、下連雀

これらは末尾の地名を含め、ほんの例示にすぎない。

砥石の産出地が地名になる場合も珍しくない。

・群馬県甘楽《かんら》郡南牧《なんもく》村砥沢《とざわ》には大規模な砥石場があった。

米山信仰の宗徒であり、箕作り職人の集団でもあった下田市箕作の開村時の住民の中に、砥石採りたちがいたかどうかはわからない。ただ、そのような「移動する人びと」が、いくつもの職能者を兼ねていることはよくあった。それを考えると、鉱物に詳しい者、「鉱山《やま》師《し》」とでも称すべき人間がいた可能性は十分にありえる。彼らが例えば、箕の材料であるフジの蔓を求めて山中を歩いているうち、砥石場を見つけたのかもしれない。

これは単なる想像にすぎないが、とにかく以後、箕作りと砥石採りが村の二大産業になって、二〇世紀に及んだのである。

箕作は、わたしがここを数度にわたって訪ねた平成十三年（二〇〇一）から十四年ごろで、その戸数は一二〇余りとかなり大きな村であった。ただし、すでに過疎化が進みつつあって、昭和五十七年（一九八二）の一四九世帯より二割ほど減少していた。

箕作の村を東西に貫く下田街道（国道414号）

だが、それでも近隣きっての大村であることに変わりなく、それは江戸時代後期からのことであった。例えば、天保十五年（一八四四）で、家数七六、人口三二一、牛

七三、馬一と記録されている。このころ一帯の大庄屋は箕作から出ていたのである。大庄屋は、数ヵ村の庄屋・名主を代表して、大庄屋の会合に出席するなどしていた。

おそらく中世の後期に、ここへ「流れてきた」職能民の一団によって開かれた村が、なぜ何百年かのちに近在を代表するほどの存在に成長できたのだろうか。

理由の一つは、ここが下田街道の要衝に位置していたためであろう。同街道の交通量が増えたのは、江戸中期ごろからのようである。人馬の往来が盛んになれば、いやでも人が集まってくる。新たな仕事が生まれ、それがさらに人を呼び村は発展していく。

もう一つ考えられるのは、ここが開村以来、一貫して職能民の村だったことによるのではないか。農業中心の村であれば、まわりに広大な開墾可能地がないかぎり、増えつづける人口を養っていくのはむつかしい。

江戸時代の農村は、村内の戸数が増加することを極力、抑えようとしていたといわれる。食糧難を避けるためである。その手段として、二、三男には土地を譲らず、村外へ出ていくようにしむけた。行き先は、だいたいが大小の都市である。そこには何らかの仕事があった。そうして、しばしば職人の徒弟や、商家の丁稚《でっち》から職業生活を始め、少数の成功者と大多数の細民を生みつづけた。

一方、職能民は生きていくうえで、そう広い土地は必要としない。二、三男でも村に残って家の仕事を継ぐことができた。その結果、村は少しずつ人口が増加していく。それにともなって近隣での発言力も強まったのではないか。

鈴木伊勢松さんが箕作り、砥石採り、炭焼きなどをしていたことは、前に述べたとおりである。このほかに鍛冶屋もしていたということだった。さらに、三反ばかりの山田を耕し、牛も飼っていた。

伊勢松さんの世代では、そのような何でも屋は、だいぶん少なくなっていたが、もっと前には村のほとんどの男が三つも四つもの職人仕事で暮らしを立てていたのである。だから、耕地が乏しい割に多数の人間が村で生活できたのであろう。

箕作は農村部にあったが、農村ではなかった。そこは「工人の村」であり、あえて熟さない言葉を使えば「工村」だったのである。

おわりに

　日本には個性に富んだ、調べれば調べるほどおもしろい土地が少なくない。といっても、見た目がそう変わっているわけではない。だから、ただ通りすがりに一瞥しても、それと気づくことはまずないだろう。わたしは各地を歩いているうち、そんな場所にしばしば出会った。そういう経験を繰り返すたびに、日本はアメリカやロシアより広いのではないかと感じることもあった。

　いつのころからか、その種の「個性ある村」について文章にしてみたいと思うようになり、その願いは本書と同じ出版社の河出書房新社から『新・忘れられた日本人　辺界の人と土地』と題して上梓していただいたことで実現した。タイトルは民俗学者、宮本常一氏のよく知られた著書『忘れられた日本人』から借用したものである。わたしは気恥ずかしかったが、本のタイトルには著作権が及ばないとされる慣例を頼りに、書肆のすすめに従うことにしたのだった。

　本書『忘れられた日本の村』は、右の拙著の続編に当たるともいえる。目を通していただくとわかるように、やはりエッセイとも旅行記ともつかない妙な内容の著述である。こんな本は近ごろとくに売れ行きが芳しくないらしい。そのため刊行を引き受けていただける出版社はめったにないようである。それにもかかわらず、上梓に同意していただいた河出書房新社および同社企画編集室長、西口徹氏に対しては、ひときわの感謝を申し上げます。

平成二十八年春

増補版おわりに

本書を再刊するに際して、新たに二ヵ村を追加してある。

一つは岩手県二戸市石切所で、ここには近代になってもアイヌ人のコタン（集落）があった。今日では、すでに当の住民も近隣の人びとも、ここにそう遠くないころまでコタンが存在したことを意識しなくなっているようだが、中には自分たちはアイヌの血を引くという気分をどこかに残している人もいるらしく思われる。

東北地方の北部には、このような集落はほかにもあって、わたしは、

「自分の母は近くのコタンで生まれた」

と話す男性に会ったこともある。

もう一つは静岡県下田市箕作で、ここは中世の職能民集団が開いた村であった。彼らは移動する宗教者でもあり、その痕跡は二〇世紀になっても明瞭にとどめていた。いや、いまも初期の住民が信仰していた薬師如来への崇敬は失っていない。ただ、生業は大きく変わってしまっている。

＊本書は二〇一六年五月に小社より刊行された同名書に、二章分を新たに追加した増補版です。

筒井 功

（つつい・いさお）

1944年、高知市生まれ。民俗研究者。
元・共同通信社記者。正史に登場しない非定住民の生態や民俗の調査・取材を続けている。著書に『漂泊の民サンカを追って』『サンカの真実　三角寛の虚構』『風呂と日本人』『葬儀の民俗学』『新・忘れられた日本人』『日本の地名—60の謎の地名を追って』『東京の地名—地形と語源をたずねて』『サンカの起源　クグツの発生から朝鮮半島へ』『猿まわし　被差別の民俗学』『ウナギと日本人』『「青」の民俗学　地名と葬制』『殺牛・殺馬の民俗学—いけにえと被差別』『日本の「アジール」を訪ねて—漂泊民の場所』『アイヌ語地名の南限を探る』『賤民と差別の起源—イチからエタへ』『差別と弾圧の事件史』『利根川民俗誌—日本の原風景を歩く』『忍びの者 その正体—忍者の民俗を追って』などがある。第20回旅の文化賞受賞。

忘れられた日本の村〈増補版〉

二〇一六年　五　月三〇日　初版発行
二〇二二年　七　月二〇日　増補版初版印刷
二〇二二年　七　月三〇日　増補版初版発行

著　者――筒井　功
発行者――小野寺優
発行所――株式会社河出書房新社
〒一五一―〇〇五一
東京都渋谷区千駄ヶ谷二―三二―二
電　話――〇三―三四〇四―一二〇一［営業］
〇三―三四〇四―八六一一［編集］
https://www.kawade.co.jp/

組　版――有限会社マーリンクレイン
印　刷――三松堂株式会社
製　本――三松堂株式会社

ISBN978-4-309-22858-7
Printed in Japan